日本の企業家

井深 大

人間の幸福を求めた 創造と挑戦

一條和生 著

PHP

PHP経営叢書「日本の企業家」シリーズ刊行にあたって

社会を変革し、歴史を創る人がいる。企業家といわれる人々もそれに類する存在である。溢れる人間的魅力が他人を惹きつけ、掲げる崇高な理念のもとに、人と資本が集まる。優れた経営戦略は、構成員の創意工夫を生かす。そうして新たな価値が創造され、事業が伸展する。社会の富も増進され、進化・発展は果てることがない。その歴史に刻まれた足跡に学ぶべきところは限りない。成功も失敗も現代のよきケーススタディである。

日本近代の扉を開いた比類なき企業家・渋沢栄一はいう。子孫に遺すべき家宝は「古人のいわゆる『善以テ宝ト為ス』ただこの一言のみである」と。けれども理想の実現に邁進した日本人企業家たちの実践知、そこにみられる「善」を「宝」となし、次代に継承するのは現代を生きる読者諸兄である。〝経営の神様〟と称された松下幸之助が説くように「人はみな光り輝くダイヤモンドの原石のようなもの」であり、個の絶えざる自己練磨の集合体が世の中であることを我々は忘れてはならない。

松下幸之助が創設したPHP研究所より、創設七〇周年を記念して刊行される本シリーズでは確かな史実、学術的研究の成果をもとに、企業家活動の軌跡を一望できるようにした。経営史・経営学の専門家が経営思想や戦略を掘り下げ、その今日的意義を考察するだけでなく、人間的側面にもアプローチしている。

各巻が、日本のよき伝統精神、よき企業家精神の継承の一助となれば、編集委員としてこれに勝る喜びはない。

二〇一六年一一月

編集委員　宮本又郎
　　　　　加護野忠男

序

井深大はソニーの偉大なる創業者として、わが国で最も革新的なエレクトロニクス・メーカーとなったソニーの発展の土台をつくり上げた。一九四六（昭和二一）年五月、資本金一九万円、従業員数約二〇名の小さな会社としてスタートしたソニーの成長の原点には、ソニー・スピリットがあった。それは、創業者である井深と、パートナーである盛田昭夫、そして彼らのもとに集まった技術者の「人的結合の緊密さ」の中で生まれ、磨き上げられていったものだった。創造と挑戦を繰り返して発展するソニーがそこから生まれた。そしてソニー・スピリットは、生涯を通じて創造と挑戦を繰り返し続けた、井深自身の足跡、生き様そのものだった。井深の生き方が、ソニーをつくり上げたのである。

井深は、井深自身が一九四六年に記した、ソニーの前身である東京通信工業株式会社の「設立趣意書」の中で次のような二つの重要な経営方針を定めている。

一、経営規模としては、むしろ小なるを望み、大経営企業の大経営なるがために進み得ざる分野に、技術の進路と経営活動を期する

一、極力製品の選択に努め、技術上の困難はむしろこれを歓迎、量の多少に関せず、最も社会的に利用度の高い高級技術製品を対象とす。また、単に電気、機械等の形式的分類は避け、その両者を統合せるがごとき、他社の追随を絶対に許さざる境地に独自なる製品化を行う

「人のやらないことをやる」「他に一歩先んじる」「最高水準の技術を発揮する」「一切の秩序を実力本位、人格主義の上に置く」と記されている。まさしくここに、ソニーの原点があった。果たしてソニーは、井深の指導のもと、この経営方針に沿って、一九五〇年に日本最初のテープレコーダー「G型」、一九五五年に日本最初のトランジスタラジオ「TR-55」、一九六八年に画面の明るさ、解像度で画期的な性能を発揮した独自の「トリニトロン・カラーテレビ」など、日本初、世界初の製品を次から次へと生み出していった。

ソニーが世界に送り出した数々のイノベーションは、日本において松下（現パナソニック）、東芝、日立などの競合他社を刺激し、日本のエレクトロニクスメーカーは、ソニーに負けじと革新的な製品の開発に励んだ。その結果、一九七〇年代以降、日本のエレクトロニクスメーカーは世界的にめざましく活躍、発展した。日本のエレクトロニクスメーカーは、自動車産業と並んで日本の基幹産業となり、日本経済を世界第二の経済大国に押し上げるのに大きな功績を果たした。

つまり井深はソニーを通じて、それまで欧米製品、技術の模倣、あるいは改良の域を出なかっ

た日本のエレクトロニクス産業の飛躍的発展にも大きく貢献することになったのである。そのような功績から、一九九二年に井深は企業人として初めて文化勲章を受章した。受章理由には「模倣改造の風潮のあったわが国の電子技術を産業開拓に向けるという新しい方向を創造した」ことが挙げられていたのである。

井深は一九九七年一二月一九日に八九歳の生涯を終えた。亡くなると井深は正三位に叙され、勲一等旭日桐花大綬章を授与された。それは民間人としては最高の栄誉だった。正三位に叙すに値する井深の主な功績は次のようにまとめられていた。

一、エレクトロニクス産業の振興を図るため、一貫して創造性を重視し高度な技術力の育成に努め、トランジスタの開発の成功をはじめ、次々と新製品を世に出し、わが国だけでなく世界に新しい文化をもたらした。また、トランジスタの開発成功により、エレクトロニクス産業など広範なわが国製造業発展の礎を築いた。

二、そのベンチャー精神は、第二、第三のソニーを目指すベンチャー企業家の範となり、わが国におけるベンチャー事業の拡大発展をもたらした。

三、技術を核としてわが国の復興を目指し、技術開発から幼児教育まで幅広く活動し、その活動は、単に一企業としてのソニーの枠には止まらず、わが国全体の発展の立場からその技術への洞察力・指導力のもと、多くの優秀な技術者を育成するとともに、若人の発明を奨励した。

四、卓越した創造力・技術力・指導力による幾多の貢献により、戦後の荒廃したわが国が世界に冠たる技術立国まで発展しえたことは、多くの国民に大きな自信と勇気を与えた。

井深に勲一等旭日桐花大綬章を決定した閣議後の記者会見で、当時の村岡兼造官房長官は、「井深氏は、戦後のわが国技術者の祖ともいえる存在。今日直面するわが国の困難な状態にあって、二一世紀に向かって科学技術創造立国を目指している今こそ、井深氏の生き方に多くを学ぶことが緊要である」と述べていた。

ソニー自身も、井深亡き後も、井深が仲間とともに創り上げたソニー・スピリットをソニーで働く人々が継承していくことを願っていた。ソニーは井深を追悼する社内報の中で、「私たちがソニー・スピリットを持ち続ける限り、井深さんは私たち一人ひとりの心の中にいつもいるのです」と記し、井深のスピリット、ソニー・スピリットが脈々とソニーの中で受け継がれていくことを願っていた。

果たしてそれから二〇年。ソニーは、そして日本は井深の生き方に学んだのだろうか。日本のエレクトロニクス業界全体がこの二〇年で全く様変わりした。ソニーも、ソニーのライバル、パナソニックも一時は未曾有の経営危機に苦しみ、苦しい改革を経て大きく生まれ変わろうとしている。しかし、依然として大きな経営危機に直面している企業もある。一九九七年、井深に勲一等旭日桐花大綬章を授与することによって、井深の生き方に多くを学んでほしいという時の政府の思いは叶ったのであろうか。十分に叶わなかったとしたら、何がいけなかったのだろうか。井深に学ぶべきことで、日本企業は何を学ばなかったのだろうか。井深が亡くなってから二〇年が経過する今年、改めてこの問題を考えてみる意義は少なくないだろう。井深の生き方とは何だったのか、そしてそこからわれわれは何を学ぶべきなのだろうか。

本書では井深の人生を改めて辿ることにより、今、われわれがそこから学ぶべきことを改めて確認したいと思う。井深の生き方でも特に注目したいのは、彼が生まれてから一九四六年の東京通信工業設立に到るまでの極めて初期の生き方である。それは一九〇八年に生まれてから、三八歳までの井深の人生となる。なぜならば、ソニー・スピリットと呼ばれる創造と挑戦を繰り返して発展するソニーの生き方の基本思想は、井深が一九四六年に起草した東京通信工業株式会社設立趣意書（以降、株式会社を略して記す）にすでに明確に記されているからである。したがって、ソニーの生き方の本質、井深の人生の哲学を探ろうと考えるなら、それ以前の井深の人生に注目すべきだと考えるのである。

井深自身が記した東京通信工業設立趣意書に書かれているように、「真面目なる技術者の技能を、最高度に発揮せしむべき自由闊達にして愉快なる理想工場の建設」がまさに実現し、ソニーは世界的にも革新的で躍動感に満ちた企業になった。井深は創業者として、ソニー経営の思想的基盤をつくり上げた。例えば設立趣意書に記された「従業員は厳選されたる、かなり少員数をもって構成し、形式的職階制を避け、一切の秩序を実力本位、人格主義の上に置き、個人の技能を最大限度に発揮せしむ」という考えは、ソニーが世界的な大企業となっても継承された。社員が仕事をすることに喜びを感じるような、楽しくて仕方がないような活気ある職場づくりを目指すという井深の考えは、ソニーが大きくなっても、時代が変わっても、変わることのないマネジメントの大原則だった。人を管理するための制度としてではなく、「明るくオープンで働きやすい会社のカルチャーづくりをしよう」という考えで、人事施策も設立趣意書の考えに沿って、一つひとつ積み重ねられていった。また「極力製品の選択に努め、技術上の困難はむしろこれを歓迎、量の多少に関せず、最も社会的に利用度の高い高級技術製品を対象とす。また、単に電気、機械等の形式的分類は避け、その両者を統合せるがごとき、他社の追随を絶対に許さざる境地に独自なる製品化を行う」という経営の方針が、ソニーの戦略を定めた。だからこそ、ソニーは、トリニトロン・カラーテレビ、ウォークマン、プレイステーションなど、世の中を驚かす革新的な製品を世の中に送り出し続けることができたのである。世界的にユニークな、極めて革新的な企業に成長することができた。ソニーの原点は東京通信工業設立趣意書にあったのである。

日本初のテープレコーダーであるG型や、日本初のトランジスタラジオTR-55、そしてトリニトロン・カラーテレビなど、ソニーの興隆期、全盛期の井深については、すでにいろいろと書かれている。しかし本書ではソニーで経営者としての手腕を発揮する以前の井深、彼のそれまでの人生に特に注目してみたい。井深という人間が、どのような環境で、どのような人々との交流の中で築かれていったのかを辿ってみたい。東京通信工業設立趣意書に記された井深の思想が、どのような人々との出会いを通じて生まれたのか、明らかにしたい。それは、「メイキング・オブ・井深大」を探ることであり、同時に「メイキング・オブ・ソニー」、「メイキング・オブ・イノベーション」を探求することでもある。それを踏まえ、井深の人生と思想全体を辿ることによって、革新を起こす企業家にとっての本質とは何か、今の経営者が井深から真に学ばないといけないことは何なのか、明らかにしたいと考えるのである。特に光を当てたいのは、人間を考え続けた井深、人間の幸福を追求し続けた井深の側面である。

二〇一七年六月

一條和生

井深　大

人間の幸福を求めた創造と挑戦

目　次

序

第一部　詳伝

メイキング・オブ・井深大

東京通信工業設立までと、それ以降の飛翔

I　東京通信工業設立趣意書の原点〔1〕――家族

1　進歩的な両親のもとに生まれる

父の姿を追い続ける　「父のように」

人間形成に大きな影響を与えた母

2　祖父と武士道

先祖は会津藩に仕えた藩士　新渡戸稲造の影響

井深に受け継がれた祖父の気質

第二部　論考

井深大の思想と哲学
そのイノベーションの本質

Ⅱ

写真提供◉ソニー株式会社
装丁◉上野かおる

第一部
詳伝

メイキング・オブ・井深大

東京通信工業設立までと、それ以降の飛翔

[編集部注]

一、企業家の生涯をたどる際、多くの場合基礎資料となる『日本経済新聞』連載の「私の履歴書」であるが、井深大の場合、現在は左記の書籍に収録されている。

井深大［二〇一二］、『井深大 自由闊達にして愉快なる――私の履歴書』（日経ビジネス人文庫）。

本書は日経ビジネス人文庫のために新たに編集されたものである。第一部が一九六二（昭和三七）年一二月に日本経済新聞に本人の著により連載された「私の履歴書」で、井深大五四歳時点のものである（一九〇八年～一九六二年）。第二部はそれ以降、一九六二年から一九九七年のもので、これは本人の著ではない（第二部の扉には「日本経済新聞社特別編集委員 森一夫」とクレジットされている）。第一部、第二部にわたって井深大の生涯を描くものとなっているため、本書では『井深大 自由闊達にして愉快なる――私の履歴書』を使用する。なお、本文中の算用数字は漢数字に改めた。

I　東京通信工業設立趣意書の原点〔1〕――家族

1　進歩的な両親のもとに生まれる

父の姿を追い続ける

井深大は栃木県上都賀郡日光町にある古河鉱業日光製銅所の社宅で一九〇八（明治四一）年四月一一日に井深甫《たすく》、井深さわの長男として生まれた。生まれた時、井深は未熟児だったという。井深は、自分が未熟児で生まれたために、自分の人生はだいたい五〇年と考えていた。そこで井深は、五〇年間に自分のやりたいことをやってしまわなければならないと考えて生きることになる。井深の言葉を借りれば、焦りがあってテープレコーダーや、トランジスタを「あわててこしらえた」のはそのためだったという(1)。ちなみに井深の五〇歳というと一九五八（昭和三三）年。その年に東京通信工業の社名がソニーに変わっている。

古河鉱業で日光製銅所といえば、現在でも古河鉱業（現古河電気工業株式会社）にとって聖地のような場所である。地域社会にとって日光製銅所は日光のいわばシンボリックな存在であり、夏には古河電気工業の日光事業所内で「和楽踊り」が一大イベントとして開催されている。日光和楽踊りは、一九一三（大正二）年に大正天皇、皇后両陛下が、日光製銅所に民間企業としては初めて行幸啓されたことを記念して、その翌年（大正三年）から開催しているお祭りだ。当時、天皇が民間企業を訪問されるのは初めてのことであり、その大任を果たした夜、会社・所員の祝賀の席で自然発生的に歌い踊られたのが、日光和楽踊り発祥の由来とされている。(2)

和楽とは、当時の製銅所精神の三項目のうちの一つ、「協同和楽の精神」からとられている。一九二二（大正一一）年からは、創業記念日の七月と行幸啓記念九月の間の八月に実施されるようになり、現在の開催日は毎年八月第一金曜日である。戦争による中断の後、和楽踊りは年々盛り上がり、工場の職場単位で酒盛りが催され、家族ともども楽しむ大イベントとなっている。その日は、工場構内が開放され、社員と地元住民、観光客が一体となって踊りを盛り上げる。今でも工場の中には、明治時代や大正時代、昭和初期の建築物が残されており、行幸啓当時の様子をしのばせている。会場は、電飾で彩られており、池の真ん中のやぐらも電気に飾られている。このイルミネーションがこの踊りの大きな特徴だ。(3) 地元住民、工場で働く古河電工社員が見事なチームワークで踊り続ける。「和楽踊り」は古河社員と地域市民が参加する一大イベントであり、古河工業と地域市民を一体化させる場だった。地域社会を重要なステークホルダーと考え、地域社会に深くコミットする日本企業。そのような日本企業の姿を、今でも日光でみることができる。

井深はしかし「和楽踊り」をみることはなかったと思われる。なぜならば、井深の父は井深が僅か三歳の時に二六歳という若さで亡くなってしまったからである。

井深の父親、井深甫は将来を嘱望されていたエンジニアだった。井深の父親は新渡戸稲造の門下生で、札幌中学から蔵前工業（現在の東京工業大学の前身）の電気化学科で学んだ科学技術の素養がある人だった。新渡戸稲造は一八九一（明治二四）年にドイツ留学を終え、札幌農学校に教授として赴任し、その後、一〇年間、札幌農学校で教えたから、その頃に井深の父は新渡戸のもとで学んだことになる。父親（つまり井深の祖父）は後で記すように北海道知事の懐刀として活躍した、進歩的な人だった。息子が札幌農学校から蔵前工業へ進学することをきっと応援したことだろう。井深の父は祖父にとって自慢の息子だったのである。井深の父は学生時代、静岡県御殿場線の小山に、洋書と首っ引きで小さな水力発電所をつくったというのだから、高い技術力に加えて、進取の気性を持ち合わせた人だったのだろう。クリスチャンとなり、エンジニアとして生涯を通して新しいことに挑戦し続けた井深の姿がそこに重なる。

「父のように」

井深は幼い時に父親を失ってしまったために、常に父親を求めていたように思える。井深が書き残したものをみてみると、「父のように」という形容詞を使って紹介される人物が複数いることに気づく。例えば、『銭形平次捕物控』で有名な大衆時代小説の売れっ子作家だった野村胡堂(4)がその一人である。野村胡堂は井深の母親の日本女子大時代の友人ハナの夫で、一時期、家が近所同士だった。そのために幼い頃、井深は野村に頻繁に会うことになったのだが、その野村が井深には父のようにみえたこともあったと記している(5)。ところで、野村胡堂は同郷の新渡戸稲造を「私の先生」と呼び、その影響を受けて「銭形平次はキリスト教の精神で書いている」と語っていた(6)。新渡戸稲造を媒介にして、井深の亡き父と野村胡堂はつながっていたのである。実際に野村は井深のその後の人生において、非常に重要な、いわば父親のような役割を果たすことになる。

ところで、井深大の息子の井深亮《まこと》によれば、父親の味を味わうことができなかった井深は、子供との付き合い方に戸惑っていたという。井深亮は次のように記している。

父親が早世したために、父は父親の味を味わうことがなかった。だから、父は、自分が父親としてどういうスタンスで子どもとつきあえばいいのかという点では、おおいにとまどったと思う。

父の子どもとの接し方はどこか一歩距離を置いていたような気がする。子どものことが心配で心配で、可愛くて仕方がないのに、どう接したらいいのかわからない父のとまどいを感じてしまうというわけである(7)。

後に井深は「幼児開発協会」をつくって、スキンシップの大切さを説くことになる。しかし井深は自分の子育てではスキンシップを行うことはなかった。彼はスキンシップを経験したことがなかったからであろう。つまり彼にはみずからの実践、経験を通じて得られる、スキンシップに関する実践知がなかったのである。そして、親としてスキンシップを行わなかったという反省が、彼の後の幼児教育への深いコミットメントに影響を及ぼしていた。

父との関係を井深亮は「淡白だった」と記している。(8)激しく怒られたことも、逆に強く褒められたこともなかったという。かといって両者の間が冷たかったかというと、そうではなかった。父との関係を井深亮は、「同じ空気を吸って共に生きる同志のような関係」と表現していた。そこには、お互いの思いが暗黙的に通じ合う関係があった。井深亮は子供時代を振り返りながら、父と「対話はなくても心は通じ合った、おだやかな、至福の時間」を過ごすことができたと記している。(9)それは、「生き生きとした現在」が主客未分の「我―汝」の状態で共有されている「相互主観性」が生まれた状態だったということもできるだろう。(10)自分と他者との間の主客未分の状態が父子の間に生まれていたのである。ある意味ではそれは、無口でシャイで照れ屋、感情をあらわにして、叱ったり褒めたりすることもなかった井深らしいスキンシップだったのかもしれない。

人間形成に大きな影響を与えた母

井深の母のさわも日本女子大学を出ており、当時としてはかなり進歩的な人だった。母の出身も父親と同じ北海道だった。さわの父親は長く苫小牧で郵便局長を務めていたが、いやいや押しつけられて買った二万坪の土地が高騰して大地主になったという人だった。まだ封建的な考えの強かった明治時代に、北海道を離れて東京の女子大に入学することを娘に許したのだから、さわの父親は経済的に豊かなだけではなく、進歩的な考えを持っていたのだろう。このように、井深の両親はそれぞれ、経済的に豊かで進歩的な考えを持った親に育てられたという点で共通点があった。それはそのまま母親さわによって引き継がれた。井深も当時としては進歩的な考えの母親に育てられたのである。

井深にとって母親の影響は、おそらく通常の母親の息子に対する影響以上に大きかった。井深の母親は井深の人間形成とその後の人生に大きな影響を与えることになる。それは井深が幼い頃に父親を亡くしたから、ということだけによるわけではない。

父を幼い頃に亡くした井深にとって、幼い頃の思い出は母親に直結していた。井深の好物はカレーライスとトマトだったが、それらは「ほとんど無意識のうちに、それをつくり食べさせてくれた母の姿、音声と重なって」いた。[11] どれだけ井深が母親のことを思っていたかということは、後に井深の妻が井深の母親に対して批判的なことを口にすると、烈火のごとく怒ったというエピソードからもわかる。井深は感情をあらわにして、叱ったり褒めたりすることがなかったから、この反応はかなり特異である。[12]

また井深は、母を通じて父を知った。井深は「母は、ことあるごとに、生前の父について話してくれた。父のことを語るときの母の瞳は、あるときは遠い世界を漂っているようでした。そして私は、幼心に〝偉大な父〟の姿をふくらましていったんです[13]」と語る。将来を嘱望されたエンジニアだったこと、静岡県御殿場線の小山に、洋書と首っ引きで小さな水力発電所をつくったことなどを、きっと井深は母親から聞いたことだろう。井深が父親と同じ道を歩き、エンジニアとして若き日には無線の研究開発に、そして東京通信工業、さらにはソニーで、新技術を使って新しい製品を開発し続けることになったのは、母から聞いた父親の影響が強かったのだろう。二歳の時に亡くなったので記憶がほとんどなかったと推測される父親を「偉大な」と呼んでいるところに、母親の話を通じて井深が父親への尊敬の念を高めていったことがうかがえるのである。

さらにまた、井深の母は井深と野村胡堂をつなぎ、野村胡堂は井深を戦前、貴族院議員、文部大臣を務めた前田多門につないだのである。野村胡堂は後に東京通信工業の第一回目の増資の際に出資をしたのみならず、品川御殿山に本社を移して飛躍へのスタートを切るとき、不足したため井深みずからお願いにいった資金四万円を提供し、会社の発展に大きな役割を果たした。彼の折にふれた金銭的支援がなかったら、東京通信工業のその後は大きく変わっていたかもしれないのである。それだけではない。『銭形平次』で人気作家となった野村胡堂の軽井沢にある別荘の隣が、当時朝日新聞の論説委員として活躍していた前田多門の家だった。井深は野村胡堂から紹介された前田の次女の勢喜子と見合いをし、結婚することになる。井深は妻以上に義父となる前田から大きな影響を受け、彼の人生観、哲学観には、前田の強い影響を感じる。前田自身も東京通信工業の初代社長になると同時に、政財界の大物を東京通信工業の経営幹部に招き、義理の息子の事業を精神的、人的に支えることになる。父親が亡くなったための必然的な結果かもしれないが、井深の世界、そして東京通信工業は、母親のネットワークを通じて広がっていったのである。

2　祖父と武士道

先祖は会津藩に仕えた藩士

父親が三歳で亡くなってしまったために、幼い井深に大きな影響を与えた身近にいた男性は祖父の井深基《もとい》だった。父が亡くなると井深は母親とともに愛知県碧海郡安城町（現安城市）に住む祖父のもとに引き取られた。井深は祖父に「父に代わる愛情」を感じ、祖父は幼い井深の人格形成に大きな影響を与えたのである[14]。

井深の先祖は代々、会津藩に仕えた藩士で会津門閥九家の一つだった。千石取りの士分だったというから、今でいえば会津藩の経営幹部であろうか。祖父の弟は白虎隊に入り、飯盛山で戦死。祖父は当時、一九歳で白虎隊に入る年齢を超えていたので、朱雀隊（一八歳から三五歳まで）

で奮戦したが生き残り、若き藩主とともに斗南藩に移った。そうした祖父に井深は育てられた。井深は後に『私の履歴書』の第一回で祖父のためにかなりの紙面を割いている。そこからも井深に対する祖父の影響の大きさを感じる。

井深の祖父は主君に忠誠を誓った武士だった。『日本経済新聞』に連載された井深の『私の履歴書』[15]の第一回のタイトルも、「祖父のこと　会津朱雀隊生き残り　早逝した父に代わる存在」だった。その祖父から井深は何を学んだのだろうか。井深の父の師であった新渡戸稲造が説明するように、義、勇、仁、礼、誠、名誉、忠義、克己から説明された武士道の道徳観念だったのだろうか。

新渡戸稲造の影響

ここで井深の人生から少し外れて、新渡戸稲造の武士道を振り返ってみよう。それは井深の祖父を理解するためだけではない。新渡戸稲造は様々なかたちで井深の人生に影響を及ぼすからである。井深の父親、そして義父の前田多門は新渡戸稲造の弟子だった。義父の前田が東京通信工業の相談役に招いた田島道治も新渡戸稲造の門下生だった。野村胡堂は新渡戸を先生と呼んでいた。そしてこうした新渡戸門下生と密に交流した井深には、新渡戸の思想の影響を見出すことができるのである。

新渡戸稲造は一八九九（明治三二）年に名著『武士道』[16]を執筆して、日本人の正邪善悪の道徳観念である武士道の起源、特性を世界に対して説明した。本来、武士道は武士がその職業において、また日常生活において守るべき道だった。しかしそれは時代を超えて、日本人にとって固有な道徳体系となったと新渡戸は説明した。武士道は「なんら手に触れうべき形態を取らない」[17]、日本人の身体に宿る「暗黙知」だった。それは「語られず書かれざる掟、心の肉碑に録されたる律法」であり、「不言不文であるだけ、実行によって一層力強き効力を認められている」実践的知識だったのである[18]。

新渡戸は義、勇、仁、礼、誠、名誉、忠義、克己という観点から日本人の道徳体系を分析した。それらの中で武士にとって特に大事なものを、新渡戸は義と勇と考えた。両者は「双生児の兄弟」だった。勇気は武士の掟の中で最も厳格な教訓である義のために行われるのでなければ、徳にはほとんど値しなかった。

真木和泉の次のような一文を紹介して、新渡戸は義を定義している。「されば人は才能ありとても、学問ありとても、節義なければ世に立つことを得ず。節義あれば、不骨不調法にても、士たるだけのこと欠かぬなり[19]」。新渡戸は流されずに正義を守る勇気を持つ者こそが、真の武士だと考えていたのである。また正義は慈愛である柔和な徳となる仁も伴っていた。武士にとって愛とは、「正義に対して適当なる顧慮を払える」ものだった。また礼とは他人の感情に対する同情的思いやりの外に現れるものであり、正当なる事物に対する正当なる尊敬、社会的地位に対する正当なる尊敬を意味していた。だが信実と誠実となくしては、礼儀は「茶番であり芝居」だった。忠義も、無批判的に主君に従うことを求めるものではなく、「主君の気紛れの意志、もしくは妄念邪想のために自己の良心を犠牲にする」ことがあってはいけなかった。それは他人から強制されるものではなく、主体的な自己実現だった。「臣が君と意見を異にする場合、彼の取るべき忠義の途は……あらゆる手段をつくして君の非を正すにあった[20]」。忠義を守ることによって名誉を得ることが、武士の到達点だったのである。

井深に受け継がれた祖父の気質

果たして、井深の祖父も義と勇気ある慈愛に満ちた人だったのではないだろうか。会津藩が薩長に敗れたために、しばらく不自由な生活を強いられていた井深の祖父に、廃藩置県を契機に活躍の機会が生まれた。開拓使に従って役人の地位を得て、家族とともに北海道に渡った。北海道知事の深野一三に重用され、深野が愛知県知事になると一緒に愛知県に向かい、商工課長、郡長などを歴任した。

愛知で井深の祖父は、地域社会の発展に大きな貢献をした。明治用水を利用した高岡町駒場用水開削に骨を折ったことで、地域の農民に後世まで感謝された。地域農民は井深の祖父が亡くなってから四〇年もの月日が経過した時でも井深の祖父を「神様のように」崇拝していたという[21]。井深が孫であることがわかると、農民がわざわざ上京して井深に挨拶に来たというのだから、井深の祖父の行なったことは並大抵ではなかったことが容易に推測できる。祖父は若い頃フランス人に兵学を習ったといい、新しい文化の吸収にオープンだった。この気質は、井深の父親に、そして井深自身にも受け継がれていった。祖父は厳格な人だったというが、面白い気質の持ち主だったともいう。祖父は井深を愛し、そこに井深は父に代わる愛情を感じたのだろう。祖父は折にふれ、亡くなった父がいかに科学的であったかを井深に語ってくれた。井深の科学に対する興味はこうした生活環境や父をしのぶ思いの中から芽ばえていった。

3　母親の愛と別れ

「いちばん恵まれていたとき」

東京から遠く離れた安城での生活は、進歩的な考えを持った若い母親には、必ずしも住みよいものではなかった。母親は愛知県に移って間もなく自活の道を求めて上京し、母校、日本女子大の付属幼稚園で先生として働き出したのである。写真でみる井深の母親は、小柄で華奢だ。しかし井深の母親にはかなりの行動力があった。まだ封建的な風土が強かった明治末期、大正初期の時代、義理の両親の家を出て、一人で自活の道を選ぶにはかなりの勇気と覚悟を要しただろうし、周囲の反発もあっただろう。しかし母は決断したし、それを井深の祖父母も許した。やはり祖父母も、古風な家長主義を超えた進歩的な考えを持っていたのである。

東京で井深は母が勤めていたのと同じ日本女子大の附属幼稚園に入り、日本女子大学附属小学校の一年二学期まで、東京で母子水入らずで生活した。この頃のことは、井深には後世まで強く印象に残っていた。遊んだ目白付近の街並み、遊びに行った友達の家。後に井深は、母親の愛情に包まれて平和に暮らしていた幼い頃の東京生活が「私にとっていちばん恵まれていたときである」とまで記している。[22] それは愛する母親と二人きりで生活できたためであるかもしれない。母との時間は井深にとって至福の時間だった。

熱心な英才教育

母親は井深を日曜日になると博覧会や博物館などに連れていったというから、幼いわが子に父親のような優秀な科学者になってほしいとの思いが、母親にはあったのかもしれない。こうして幼い頭に植えつけられた科学への芽ばえが、井深の一生涯の職業を決める大きな要因になっていった。また、母親は相当熱心に井深の「英才教育」を行なった。当時、猿飛佐助や霧隠才蔵などの話で子供に人気だった立川文庫を読むことを、母親は井深に禁じた。その代わりに、井深はすでに小学校一年の時から、徳冨蘆花の『思出の記』や夏目漱石の『坊っちゃん』を読まされた。小学校一年の井深にこうした本がどれだけ理解できたかはわからない。しかしこのエピソードには、息子を父親のように優秀な科学者に育てたいという母親の強い思いを感じる。

母親と二人きりの愛情に包まれた生活は、しかし、長くは続かなかった。小学校の一年三学期に、母方の祖父が病気になったために、苫小牧の小学校に転校することになったからである。ただしこの北海道生活も数ヵ月と短期間で終わっている。井深は小学校二年生の時には再び愛知県の祖父母のところに帰ることになった。そして母親は神戸に住む人と再婚することになり、こうして母親との別れが井深に訪れたのである。

井深の母親との東京時代は短いものとなったが、それは後に様々なかたちで井深に大きな影響を与えることになる。井深の幼稚園での友達の父親、早稲田大学理工学部の山本忠興教授はテレビ研究の創世期の研究者で、後に大学で井深の指導者となる。またすでに記したように、近所には井深の母親の日本女子大時代の友人野村胡堂夫妻が住んでいた。野村胡堂夫妻と井深親子は親類同様の交際を持ち、井深は野村胡堂に強い親しみを持った。家が近所のこともあって、父のような親しみを持って井深は野村に接したのだった。

（1）『Family』故 井深大ファウンダー・最高相談役追悼特別号（一九九八年四月、ソニー株式会社発行）一七ページ。原典は「創立三五周年を迎えて」『Family』№27、一九八一年。『Family』は年に複数回発行される社内報である。なおこの冊子からの引用にあたっては算用数字は漢数字に改めた。

（2）「NIKKO FAN」http://nikkofan.jp/topics/topics.php?id=190 なお本書におけるWebアドレスは二〇一七年五月時点。

（3）「盆踊りの世界」http://www.bonodori.net/zenkoku/waraku/waraku1.html

（4）野村胡堂（一八八二〜一九六三）。本名は野村長一。『銭形平次捕物控』の著者で、西洋音楽を日本に紹介した音楽評論家としても知られる。音楽評論家としての筆名は野村あらえびす。報知新聞で音楽情報と時事川柳を執筆し、売上の大幅な伸びに貢献。その後、独立し、三八三編の『銭形平次捕物控』シリーズを執筆。井深の母親が妻ハナの同僚という関係から、父親を亡くした井深の学業を援助し、本書二七ページでも述べたように、会社設立から間もない時期に資金を提供した。余談ながら御殿山移転の際の四万円は、ほんとうは五万円をお願いしたかった井深が、つい言い出しかねて「三万円」と言ってしまい、隣にいた盛田が慌てて「もう一万円」とフォローしたための金額で、井深が「五万円」と申し出ていたら、野村胡堂は快諾していただろう。野村胡堂については、「野村胡堂――その魅力と生涯を語る」ゲストスピーカー　野村晴一氏（野村胡堂・あらえびす記念館館長）、NPO法人いわてシニアネット第四九回文化サロン　平成二一年一月一五日。
http://iwate-isn.sakura.ne.jp/bunkasalon/49kai.htm

（5）井深大［二〇一二］、『井深大 自由闊達にして愉快なる――私の履歴書』（日経ビジネス人文庫）一四ページ。以下『自由闊達にして愉快なる』と表記する。

（6）森健二［二〇一六］、『ソニー 盛田昭夫――〝時代の才能〟を本気にさせたリーダー』（ダイヤモンド社）三一ページ。

（7）井深亮［一九九八］、『父 井深大――経営者として、教育者として、家庭人として』（ごま書房）五六～五八ページ。

（8）同前五九ページ。

（9）同前六〇～六一ページ。

（10）山口一郎［二〇〇五］、『存在から生成へ――フッサール発生的現象学研究』（知泉書館）にもとづく、野中郁次郎教授の見解を参照。

（11）前掲『Family』故 井深大ファウンダー・最高相談役追悼特別号一九ページ。

（12）前掲『父 井深大』七五ページ。

（13）前掲『Family』故 井深大ファウンダー・最高相談役追悼特別号四四ページ。初出は島谷泰彦［一九九三］、

『人間 井深大』（日本工業新聞社）二四ページ。
(14) 前掲『自由闊達にして愉快なる』一七ページ。
(15) 一九六二（昭和三七）年に連載された。
(16) 新渡戸稲造［一八九九］、『武士道』（矢内原忠雄訳、岩波文庫）。参照したのは二〇一六年出版の第一〇三刷。
(17) 同前二五ページ。
(18) 同前二八ページ。
(19) 同前四一ページ。
(20) 同前五五、六一、六九、九一〜九二ページ。
(21) 前掲『自由闊達にして愉快なる』一三ページ。
(22) 同前二〇ページ。

II　東京通信工業設立趣意書の原点〔2〕——機械とともに成長

1　寂しさを機械いじりでまぎらわす

機械をすぐ分解する子供

祖父母は一人残った孫の井深に深い愛情を持って接した。井深は後に祖父母との生活を「環境に恵まれていた」と記している。しかし、それでも、心から甘えることのできる両親がいなかった井深は、子供心にも孤独感に襲われることがあったという。幼い頃の井深が一番楽しかったのは、機械をいじっている時だった。しかも機械をいじってどんどんと分解してしまうのである。幼い頃、井深が親戚の家に遊びに行くと、親戚中が「大ちゃんが来るから、そこらへんのものをみんな片づけておけ」ということになったという(1)。小学校二年生の時には町の時計屋で売っていた電鈴が欲しくてたまらず、祖父にねだってベルと針金、乾電池など一揃いを買ってもらったという。しかしこの高価な電鈴も井深は分解してしまったのである。

本田宗一郎との意外な接点

祖父母に育てられていた幼い頃の井深に関して、面白いエピソードがある。後に記すように、井深と本田宗一郎との間には四〇年以上に渡る深い交流があり、井深は二歳年上の本田を「かけがえのない兄貴であり、先輩」と呼んでいた。しかし性格的には全く正反対だった。井深の表現を借りれば、本田は「ネアカの大将」であり、井深は無口で愛想もよくなかった。しかしそれにもかかわらず、二人はお互いの生き方、つまりフィロソフィーが共通であることを深く認識し、太い絆を結んだ。

そのような二人の性格、環境の違いをわかりやすく伝えるのが、一九一五年に日本各地で行われたアメリカ人、アート・スミスの曲芸飛行の時のエピソードである。飛行機をどうしてもみたかった本田は、鍛冶屋だった父親の財布から二銭を盗み出し、さも学校に行くふりをして、納屋から父親の自転車を持ち出し、家から二〇キロメートルも離れていた浜松に向かったのである。着いたはいいが、入場料が五銭なのでとても足りない。それでも諦めきれない本田は、会場の外にある松の木の上に登り、しかも松の枝を折って、自分の下に敷いてみつからないように工夫して、飛行見物をしたという。それに対して、井深は比較にならないほど恵まれていた。祖父に頼んで名古屋の会場に連れていってもらい、入場料を払い、席に座って見物した。本田は松の木の上から熱心に見物し、スミスがハンチングを後ろ向きにかぶっているのを格好よく思い、浜松から自転車で家まで帰る時には、学生帽を後ろ向きにかぶってスミスの真似をしたという。しかし井深にはそのような記憶はなかった。幼い頃、同じ飛行機をみながらも、みていたもの、記憶していたことが異なっていたのである。

後に、本田はエンジンに関心を持ち、飛行機への興味も失わなかったが（それはホンダジェットとして実現した）、井深は電気の分野に進んだ。その違いを井深は、「連れていってくれる人がいなくても、どうしてもみたいという一心を捨てなかった本田さんと、多少〝環境〟に恵まれていて、飛行機に対する好奇心が、わりあい簡単に満たされてしまった私との違いからかもしれません」と記している。[2]好奇心、なんとしてでもみてみたいという強い思い。これは難しいと思えることも実現する。このことを、後に井深はアート・スミスの曲芸飛行見学のエピソードから改めて強く確信したのだった。

大人になっても続いた機械分解癖

ところで、井深の機械分解癖は、大人になっても変わらなかった。わが子に買うおもちゃを一番楽しんでいたのは井深本人だった。買うおもちゃは井深自身が面白いと思うもので、動くものばかりだった。しかも買ってきたおもちゃはすぐには子供に渡されなかった。そのため、包装紙に包まれた箱のまま、子供の手に渡ることは滅多になかった。

井深自身が開けてみて、場合によっては分解までして、どういう風に動いているのか調べないと気が済まなかったからである。このような井深の強い好奇心は、幼い頃から大人になるまで、そしてソニーの開発の第一線を離れても、変わることはなかった。子供のような無邪気さや好奇心を井深は晩年まで失わなかった。

ソニー時代のエピソードを一つ紹介しよう。「おっ、そう、こんなものできたの。素晴らしいね、次はもっといいんじゃないの」。これは、カセット式VTR「U-マチック」の原型を開発担当者の堀内昭直がみせた時に、井深が言った言葉である。井深はいつもこのような調子だった。しかし井深は、新しい製品が完成するとひとしきり喜んだかと思うと、興味をもう「次」に移していたのである。井深の飽くなき夢の追求は続き、シビアな要求を技術者たちに次々に突きつける。「それはできません」という言葉は容易に認められなかった。しかし、日本初のテープレコーダー「G型」の開発を担当した木原信敏が「井深さんの喜ぶ顔が見たくて頑張ってしまう」と語っていたように、井深は新しい技術や製品をみると本当に素直に喜ぶのだった。子供の頃からの無邪気さや好奇心と喜びが、ソニーのイノベーションの重要な源泉だった(3)。

勉強への熱意を失った中学時代

さて、井深は小学校五年の時に、再婚した母の住む神戸に移った。井深の教育のためである。愛知県の祖父母のもとで五年生から中学に入ろうとして勉強したが、田舎の勉強ではとても無理だということが明らかになったからである。そこで神戸に移り、諏訪山小学校に入学。名門、神戸一中合格を目指してスパルタ式教育で徹底的な入学準備をやらされた。猛烈な勉強の成果はあり、井深は晴れて神戸一中に入学することができたのである。

しかし、中学に入ると、井深は小学校で詰め込み教育を受けさせられた反動からか、全然勉強しなくなってしまった。勉強に代わって井深が熱中したのは最初はテニス、次にラジオや無線だった。とりわけ無線の組み立てや機械いじりに中学生の井深は夢中になった。夢中になったのは井深の好奇心からだったが、そこには母親の力もあった。「好きなことを好きなだけ熱中してやる。母は、私をそのような男に育ててくれたんです。ぐれなかったのは、やっぱり母の慈愛のおかげです」と後に井深は語っている。(4)

熱中の反動は、しかし小さくはなかった。井深の成績はみるみる落ちていったのである。それにもかかわらず、井深の熱は冷めなかった。井深の関心はアマチュア無線にも広がり、遠く東京にも通信仲間を持つようにもなった。井深の無線への没頭ぶりは、かなりのものだった。機械も自作だった。

当時、まだラジオなどを販売する電気店はなかったので、中学生の井深は、神戸港に入港する船に無線サービスを行うためにあった日本無線という会社の出張所に出入りし、そこの所員と仲よくなって真空管などを手に入れた。中学生としては大胆な行動で、幼い井深を連れて上京した母親の姿がそこに重なる。その母親からもらったお小遣い（それは父親の残した遺産から出されていたというから、再婚した母親にもいろいろと新しい夫に気遣うところがあったのだろう）を貯めてやっとのことで真空管を買い、無線機につなげる時が来た。その時の様子を井深は次のように記している。

（購入した真空管を）ていねいにわたにくるんで、まるで宝物のように胸をはずませて大事に家に持ち帰った。無線機は真空管を買う前から配線してあったが、へたな継ぎ方がしてあると苦労して手に入れた高価な真空管が瞬時にダメになってしまう。何回も調べて間違いないということでパッとスイッチを入れた。

当時の真空管はまるで電球のようにへやが明るくなった。フィラメントをともして調整すると雑音が聞こえてくる。コンデンサーをゆっくり回しているとやがて無線が「ツーツー」とはいってきた。このときの感激はいまでも忘れることができない。七、八時間するとバッテリーがだめになるが充電器は高価なので重い蓄電池を持って町までいき、充電してもらわなければならない。そんなに苦労してもやめることはできなかった。(5)

機械好きの中学生が真空管をつけた無線の前で目を輝かせている様子が目に浮かぶ。

メカ好き少年の面目躍如といったこんなエピソードもある。井深少年は、ラジオの試験放送を聞いて、新聞販売店の軒先につるされた総選挙の速報よりもずっと先に近所の人々に選挙結果を伝えて、近所の人をびっくりさせたというのである。昭和三七年に井深が「私の履歴書」を執筆した時でも「ニュースの早いのに目を丸くして驚いた近所の人々の顔がいまでも思い出されてく

る」というのだから、よほど井深は痛快な思いをしたのだろう。(6)

一念発起し勉強を始める

こうして機械に、無線に夢中になっていった井深だったが、そのつけはもろに勉強に出た。当時は優秀な学生だと、中学四年の時に高等学校に移ることもできたのだが、成績の悪い井深にはとても無理な話だった。

しかし五年生になると井深は「ぴったり」と無線をやめ、勉強に精を出し始める。あれほど夢中だった無線をぴったりとやめてしまうのだから、成績の悪さがよほど身にしみたのだろう。愛する母親に諭されたのかもしれない。ともかく井深は熱心に勉強し始めた。これは後のエピソードだが、井深は息子の亮には、ラジオの組み立てを中学校になっても絶対に許さなかったという。(7)幼い時のラジオへのみずからの没頭を井深はよほど後悔していたのだろう。

晴れて井深が入学したのは早稲田大学の第一高等学院だった。浦和高校と北大予科も受けたが、色弱のため官立の高等学校は受からなかったという。高校に入ると、機械、無線の世界が再び井深に戻ってきた。科学部で委員になり、後にソニーで同僚となる島茂雄と一緒になって、科学部をおおいに盛り立てた。電蓄がまだ珍しがられる頃で、島と増幅器を組み立て、スピーカーを借り、レコード・コンサートを開くなどして学友をおおいに喜ばせた。井深は高等学院時代を楽しんだ。機械いじりをしながらのびのびと生活した。

2　機械マニアから優秀なクリスチャンの研究者へ

クリスチャンとしての活動と、広がる人間関係

早稲田大学の第一高等学院三年生の時、井深はクリスチャンになった。親類の人にすすめられてのことだった。井深の父親は新渡戸稲造の門下生だったから、クリスチャンだった可能性が高いし、クリスチャンが親戚にいたとしても不思議ではない。また幼馴染みの父親で、早稲田大学での指導教員となる山本忠興教授もクリスチャンで、その影響もあったのだろう。

この頃の井深はクリスチャンとしての活動に熱心だった。教会に通い、正義感に燃え、日曜学校の先生などをしたり熱心に活動をした。大学では友愛学舎というキリスト教関係の寄宿舎に入ったが、そこでの生活は充実しており、おおいに楽しんだようである。しかし舎監をしていた古くから日本に来ていた米国の宣教師の信仰行事が甘く、「もっと信仰をほんものにせよ」と要求を出してあばれ回ったこともあるようだ(8)。

ところで、井深が深く関係を持った人には、クリスチャンが多かった。早稲田の山本教授、井深の最初の妻の父親、前田多門も東京帝国時代に新渡戸稲造に師事し、晩年には新渡戸と同じクエーカー教徒となった。

後に、ソニー時代の井深がどれだけクリスチャンとして熱心に活動していたかはわからない。

忙しい経営者として、クリスチャンとしての活動に時間は割けなかったとしても不思議ではない。しかし心の中で、キリスト教は井深の生きる支えだった。井深は経営者、エンジニアとしての生き方そのものをいわばかけて、死に物狂いで開発して完成したカラーテレビを「トリニトロン」と命名した。それはキリスト教のトリニティ（三位一体）とエレクトロンの合成語だった。そこに彼のキリスト教信仰の深さを感じることができる。また井深は妻との別居、離婚、娘の障害など、人生の悲哀をいろいろと経験している。しかし、人生において様々な苦労に遭遇しながら、人生に絶望せず、前向きに井深は生き続けた。それも、キリスト教の慈愛に支えられてのことだったのかもしれない。人を愛するということが彼の人生を支えていた。

優秀な若手研究者として頭角を現す

高校を終えて早稲田大学の理工学部に進むと、井深は「本当に実のある勉強」を始めた。井深の大学時代はちょうどテレビ研究の創成期で、当時の理工学部長の山本忠興教授も初期の研究者の一人だった。山本教授の長男と井深は幼稚園時代の友達だったので、「井深、井深」といってかわいがられたという(9)。

井深の研究テーマは、ケルセルだった。ケルセルとは、光を外から加えた電圧通りに変調させる研究だった。井深はネオン管に高周波の電流を通し得られた周波数を変えると、光が伸び縮みするという重要な発見をした。実験から明らかになった原則を応用してつくった光るネオンを、後に大学卒業後、パリの万国博覧会に送ったところ優秀発明として賞を受けたというのだから、大学時代の研究はかなり高いレベルだったといえるだろう。学生時代に新潮社と早稲田大学の間、二・八キロメートルぐらいのところで行なった光電話の実験は、当時としては画期的なものとしてかなりマスコミなどから注目されたのだった。

井深は早稲田大学時代に、極めて優秀な若手研究者として頭角を現し出したのである。

（1）井深亮［一九九八］、『父 井深大――経営者として、教育者として、家庭人として』（ごま書房）一六ページ。

（2）アート・スミスの曲芸飛行のエピソードに関しては、井深大［二〇一〇］、『わが友 本田宗一郎』（ごま書房新社）一六六～一六九ページ。本文中ではナイルズ・スミスとされているが、アート・スミスが正しい。なお初版は一九九一年、ごま書房刊。

（3）Sony History https://www.sony.co.jp/SonyInfo/CorporateInfo/History/SonyHistory/2-01.html

（4）『Family』故 井深大ファウンダー・最高相談役追悼特別号（一九九八年四月、ソニー株式会社発行）四四ページ。初出は島谷泰彦［一九九三］、『人間 井深大』（日本工業新聞社）六四ページ。

（5）井深大［二〇一二］、『井深大 自由闊達にして愉快なる――私の履歴書』（日経ビジネス人文庫）二五ページ～二六ページ。以下『自由闊達にして愉快なる』と表記する。

（6）同前二六ページ。本章の以降の記述も同書二七～三〇ページによる。

（7）前掲『父 井深大』一九ページ。

（8）前掲『自由闊達にして愉快なる』三〇ページ。

（9）同前二八ページ。

Ⅲ　東京通信工業設立趣意書の原点〔3〕――井深を育てた人々

1　植村泰二――エンジニアとしての井深の人間形成

PCLへの入社、恵まれた環境

ケルセルの研究によって井深に就職の道が開かれた。ケルセルに関する特許を出した時の担当の審査官が、PCL（フォト・ケミカル・ラボラトリー＝写真化学研究所、現在の東宝につながる）で井深のような人をほしがっているからといって、当時所長をやっていた植村泰二（経団連会長植村甲午郎の弟）のところへ連れていってくれたからである。特許庁の担当審査官がここまで井深のために世話をしたというのは驚きだ。

井深には、このように、人々を強く惹きつける人間的魅力があった。すでに木原のコメントを紹介したように、ソニーで井深とともに働いた人々が口々に語ったことが、井深の喜ぶ顔がみたくて一生懸命に仕事をしたことだった。井深が亡くなった後に当時ソニーの会長だった大賀典雄は「井深さんは、その夢やアイデアを周りの人が実現してあげたくなるような、最後まで少年のように純粋な好奇心を失わない方でした」と記している。[1] 特許庁の担当審査官もおそらく大学生の井深に、少年のような純粋さを感じ、彼の夢を叶えてあげようとＰＣＬの植村のもとに井深を連れていったのだろう。

ＰＣＬは日活など各映画会社のトーキーの下請けをする研究所だった。井深の第一志望は、実は東京電気（現東芝）だったのだが、入社試験には落ちてしまった。井深が卒業した一九三三（昭和八）年は、世界恐慌以来の不況が続き、就職難だったのである。植村は井深のケルセルの研究を高く評価し、「責任を持たせてなんでもやらせるから早くこい」と矢のような催促をよこしたという。[2] 植村が若き井深にかなり惚れ込んだ様子がうかがえる。植村も井深の少年のような好奇心に魅了されたのだろう。

井深はＰＣＬへの入社を決断した。井深は東芝の入社試験に落ちたことで、大学時代に偏った勉強をしたことを一旦は後悔したのだが、彼の後悔はすぐに消えた。ＰＣＬで素晴らしい仕事の環境が与えられたからである。実際、井深にとって、ＰＣＬの仕事はうってつけだった。井深自身が光を音に変える、あるいは音を光に変え、またそれを音に変えるという録音技術に興味を持っていたからである。それに加えて、ＰＣＬでは本業の録音の研究以外にも、自由に研究をさせてもらえるという恵まれた環境を井深は与えられた。植村は井深を入社に勧誘した時に交わした約束をきちんと守ったのである。その成果が大学時代の研究を継続して行なった「光るネオン」

「走るネオン」を発明し、パリ万国博覧会に出展、優秀発明賞を受賞
写真は1933年　25歳

であり、先に記したようにパリ万国博覧会に出品し、優秀発明賞を受賞したのである。

井深の人間形成への大きな影響

後に井深は、「ネオンがパリの博覧会で賞を得たときは植村所長が私の手をとって心の底から喜んでくれたことが強く印象に残っている」と記している(3)。植村は井深を愛情深く育て、青年井深の人間形成に大きな影響を与えた。植村はそれが日本のためになるならば、直接、会社の事業とは関係ない研究を井深が行なっても大目にみてくれた。植村から井深は、新しい技術の発見は、私利私欲のために行われてはいけないこと、新しい技術の発見は国家にとってプラスであり、人類進歩のためには不可欠の要件であることを学んだ。

そして、この学びは後に東京通信工業設立趣意書の内容に活かされることになるし、ソニーの経営の中で徹底されていったのである。また植村は、まだ入社したばかりの若い井深を一人前の技術者として扱い、技師長が集まる技術会議に列席することを許した。後に井深は植村や技師長の当時の「思いやり」に思いを馳せ、「新米の私を加えた植村所長や増谷技師長の思いやりはたいへんなものであったといえよう」と記した。そして若い井深は、年配技術者との集まりの中で多くのことを学んだ。「経験の多い大先輩の話を聞くことは人間的にも教えられるところが大きかった」のである。[4]

ＰＣＬで井深は植村以外にも多数の人間との豊かな交流から、人間としての資質を磨き上げた。この実体験が、後に井深自身のソニーにおける人材育成、活用の指針となった。井深も後にソニーにおいて、年齢など関係なしに若手研究者に大きな役割を与え、新入社員の意見にも率直に耳を傾けたのである。人材を起用する際に、井深はその人物の能力だけに注目し、学歴や社歴には一切とらわれなかった。年齢にとらわれずに才能ある者を活躍させた。トリニトロン・カラーテレビのトランジスタ回路を設計したのは、入社四年めの森尾稔だった。Ｇ型テープレコーダーの開発を担当した木原信敏は当時まだ入社二年めの若手だった。

人手不足だったとはいえ、優秀な技術者は年配者の間にもいたはずだ。しかし、井深は若者の力を認め、彼らに活躍の場を与えた。会議でも、「部長だろうが課長だろうが果ては新入社員だろうが、発言には同じように耳を傾け」、よいと思えば「新入社員の意見でも『それをやろう』

と採用した」という。[5] 井深が植村から学んだことを、ソニーでは井深自身が実践したのだった。井深の給料は毎月のように上がっていったというから、彼の仕事は高く評価されたのだろう。この高給は井深の「機械欲」を満たすことにも使われた。ライカを二八〇円で購入し、入社三年目には中古のダットサンを購入。この時の給与は一二〇円。当時は帝大卒の初任給が六〇円だったと言うから、これはかなりの高給である。「三度の飯を一度ぬいてもいいからオーナー・ドライバーになりたい気持ち」をようやく満たすことができた井深は、「うれしさのあまり〝自動車に取りつかれた男〟のように朝晩用事もないのに自動車に乗ってあちこち走り回った」という。[6] 新しいものが出てくると、それが欲しくてたまらなくなるという井深の強い好奇心と、それを何としてでも満たそうという強い意志、そして新しいものに熱中する井深らしいエピソードである。

2　前田多門――東京通信工業設立趣意書の思想的源流

前田多門との出会い

ＰＣＬ時代に、井深のプライベートな生活には大きな変化が訪れた。結婚である。野村胡堂から見合いを勧められたのである。相手は野村の軽井沢の別荘の隣人、前田多門の次女の勢喜子だった。野村が前田の娘に井深との見合いを勧めたのは、単なる隣近所づき合い以上の関係が二人の間にはあったからだろう。野村は新渡戸稲造を師と仰いで心酔していたし、前田は新渡戸の優秀な弟子だったからである。

前田多門は一八八四（明治一七）年生まれ。一高から東京帝国大学に進んだ。在学中は新渡戸稲造に師事し、鶴見祐輔、田島道治、岩永裕吉とともに「新渡戸四天王」と呼ばれた。学外では内村鑑三の聖書研究会にも入門、新渡戸と並んで内村からも多大なる影響を受けた。東京帝国大学を卒業後、内務省に入省。一九一六（大正五）年、後藤新平内務大臣の秘書官に起用され、後藤系の有力なエリート官僚となった。その後、ＩＬＯ（国際労働機関）日本代表としてスイス、ジュネーブに赴任。さらに大使館参事官としてフランスにも赴任。一九二六年に帰国後、広い見識と豊かな国際経験から一九二八（昭和三）年には朝日新聞の論説委員になる。一九三八年に退社後、悪化する日米情勢を好転させるべく、日本文化会館館長として家族でニューヨークへ渡米。まさにそれは「太平洋の架け橋になる」ことを目指した、恩師であると同時に結婚の媒酌人でもあった新渡戸稲造の思いを継承する行動だった。妻の房子は早くからクエーカー教徒で、新渡戸稲造が顧問を務めていた普連土学園に通った。夫妻揃って、新渡戸稲造には大きな影響を受けた。ちなみに前田も房子の死後にクエーカー教徒になっている。二人の間には一男三女があり、長男はフランス文学者の前田陽一、植物学者の神谷宣郎と結婚した長女の美恵子は、精神科医として幅広く活動し、神谷美恵子を著者とする書籍は専門分野以外にもエッセイ、哲学など幅広い分野に広がっている。そして井深と結婚した勢喜子は美恵子の妹、次女だった。

日米開戦後は、前田は新潟県知事を務めた後、一九四五年には貴族院議員となり、戦後すぐに成立した東久邇宮内閣において文部大臣に抜擢され（同年八月八日）、教育改革を推進した。前田は一九四五年九月二日の降伏文書調印を受けて、「青年学徒に告ぐ」というラジオ全国放送を行い、「日本の往く道はただ一つ。武力を持たぬかはりに、文化で行く、教養で行く、ほんとうの道義日本として、世界の進運に寄与する」と新生日本を担う若者に訴えた。前田は放送の中で次のようにも語っていた。

従来、わが国に、個性の尊重といふ観念が足らず、この毅然たる態度が民衆になかったことが、軍国主義跋扈の大原因であったのであります。自己の人格を尊重するものは、同時に、他の人格を尊重せざるを得ないのであります。（中略）科学は重んぜられねばならぬ。しかし、それは、目先きの功利的打算からではなく、悠遠の真理探究に根ざす純正な科学的思考力や、科学的常識の涵養を基盤とするものでなければならぬ。換言すれば、高い人間教養の一部分として、科学の分野を認めたい。また、自然科学も大切であるが、同時に、世界現在の悩みとして、人文科学の進歩が、自然科学の歩みに遅れて、跛行状態を呈してゐる点に於いても、学徒の向学心を喚起し度い。更に進んで言へば、君子は器ならずといふことがあるが、明治以来の教育の弊風は、その反対に、人間を、ただ物の役に立つ器にのみ教育して、却って、明治の初年迄は存して居た精神教育の根源を没却したのであり、この弊害を是正せねばならない。

近来、日本精神の呼び声は高った。しかし、それが、余りに政治的に取扱はれ過ぎて、内容が、案外空虚であり、真に、心から溢れ出づる精神の躍動でなかったことが、今日の破綻を招く原因でなかったかに就いても、深い反省が行はれねばならぬ。宗教の自由確保と共に、敢へて一宗一派に偏せよとは言はぬが、眼に見えざるものを畏れ、謙虚な気持ちを以て、衷心より、已むに已まれず、大いなるものに憧れ、高きを仰ぐといったやうな宗教的情操は、大いに養はれねばならぬ。今回、戦争末期に現れた種々の道義頽廃の事実、戦争終結の際にまで持ち越された、忌むべき利己主義、我利々々主義の噂の高い昨今、学徒諸君の心に、何か深いもの、高いものを持って貰ふことに、熱心な要望が向けられる。(7)

前田多門の与えた強い影響

この前田の呼びかけは、敗戦にうちひしがれていた同時代人の心を激しく打ち、「新しい黎明期の曙光に接した感激」を与えたという。なにか、井深の東京通信工業設立趣意書を初めて読んだ時と同じような高揚感を、前田の「青年学徒に告ぐ」を読んで感じないだろうか。いや、正確にいうならば、井深が東京通信工業設立趣意書を記すにあたっては、「青年学徒に告ぐ」にみられるような前田の考えに強く影響を受けていたのではないだろうか。あるいは、井深はすでに青年とはいえなかったかもしれないが、東京通信工業設立趣意書は「青年学徒に告ぐ」に込められた前田の思いに応えるものとして書かれたのではないだろうか。例えば、戦時中、すべての悪条件のもとに、これらの人たちが孜々《しし》として使命達成に努め、大いなる意義と興味を有する技術的主題に対して、驚くべき情熱と能力を発揮することを実地に経験し、また何がこれらの真剣なる気持ちを鈍らすものであるかということを、つまびらかに知ることができた。(8)

という東京通信工業設立趣意書の一文には、高い人間教養の一部分として、科学の分野を認めたい、何か深いもの、高いものを持って学んでほしいという前田の思いと共通な井深の思いを感じる。そして真に、若者の心からあふれ出る精神の躍動を阻害してしまったために、日本は破綻に至ってしまった。そのことへの痛烈な反省も、前田と井深に共通だった。

前田はまた幣原喜重郎とともに、天皇を再び神にしてはならないという強い信念から天皇の人間化宣言にも大きくかかわり、娘の美恵子を秘書としてGHQとの折衝及び文書の翻訳作業などに従事させている。(9) 幣原喜重郎内閣でも文部大臣に留任したが、戦時中の新潟県知事としての勤務が大政翼賛会に関係していたことを咎められて公職追放となり、(10) 一九四六年一月にその職を解かれた。後で記述するように、前田は公職追放となってから五カ月後に東京通信工業の初代社長に就任することになる。(11)

井深が前田に初めて会ったのは前田の次女の勢喜子との見合いの時だった。その時、井深は勢喜子よりも父の前田に強い関心を持った。見合いの事情を井深は次のように記していた。

野村さんにつれられて前田の家に見合いにいったときに二〇歳そこそこの若い娘で、浴衣を着てヘコ帯を締めた姿の勢喜子が出てきた。まだ女子美術在学中で「こんな子供が結婚できるのか……」と思ったほどである。私は勢喜子より父の前田多門が好きになり、勢喜子の母は本人より一生懸命になって盛んに結婚するように動いた。前田の両親が勢喜子と私を結びつけるよう両方に押し付けた格好で、とにかく結婚することになってしまった。[12]

新渡戸稲造を媒介として

井深は前田に惹かれた。父も学んだ新渡戸稲造に大きな影響を受けていた前田の考え、生き方に強く惹かれた。そして新渡戸稲造を媒介として亡き父と前田はつながっていた。前田は新渡戸と同じように国際平和への貢献をみずからの使命としていたし、また新渡戸の影響のもとに、一個の独立した人間が互いにつながり合う理想社会の構築を目指していた。「青年学徒に告ぐ」に込められた前田の思いも、そこに原点があった。一高時代に前田は、選ばれた者たるものが身につけるべき義務として、ソサエティ（society）が必要なことを新渡戸稲造校長から学んだ。前田は一高時代を振り返り、次のように記している。

新渡戸先生が、当時一高校長としてのみならず、それこそ、当代随一の社会教育家として、機会ある毎に強調せられたのは、縦の関係の外に、横の関係の重視すべきこと、即ち、水平的に、各人が相寄り相携へて、善き社会を作らねばならぬ。日本人の教養にこれまで欠けて居り、こん後涵養の急務なるを感ずるのは、社会性（ソーシアリチイ）であり社会奉仕であるといふ点であった。[13]

前田の問題意識は、「水平的に、各人が相寄り相携へ」るよき社会が日本において実現していないことにあり、それは日本人がシヴィックス（civics）を学んでいなかったからだと考えた。前田によれば、日本の政治は下から公民が持ち寄って互いの生活をつくり上げていくシヴィックス（civics）なる技術を知らなかったために、たやすく全体主義、軍国主義に引きずりまわされてしまったのである。[14] 前田の考えるシヴィックスとは、市民の義務と権利を学ぶことで、その知識があってはじめて、市民一人ひとりが責任をもって共同生活体を盛り上げていくことができるのであった。だからこそ、前田は教育を通じて公共生活への日本人の開眼を求めたのである。「民主主義はその行動の形態に於て、共同の生活を、各人が共同して行うことである。共同生活の処理、即ち政治は各人の責任である」と前田は記していた。[15] そこには、武士道を構成する忠義を、他人から強制されるものではなく、主体的な自己実現と定義した新渡戸稲造に共通する考えをみつけることができる。新渡戸にとって、流されずに正義を守る勇気を持つ者こそが、真の武士だったのである。
一個の独立した人間からなる理想的な共同生活の構築、そしてまた他者とよき共同生活を送るに必要な能力を持った主体的な市民の育成、市民の公共生活への開眼が、戦後初の文部大臣として前田が目指したことであった。そして井深が目指したのも、こうした理想的な共同生活を東京通信工業で実現することだった。設立趣意書で次のように記している。

それで、これらの人たちが真に人格的に結合し、堅き協同精神をもって、思う存分、技術・能力を発揮できるような状態に置くことができたら、たとえその人員はわずかで、その施設は乏しくとも、その運営はいかに楽しきものであり、その成果はいかに大であるかを考え、この理想を実現できる構想を種々心の中に描いてきた。(16)

井深のスピリットはソニー・スピリットであり、その思想的な源流は前田多門に、さらにさかのぼれば新渡戸稲造にあったのである。
ところで、先に引用した「両方に押し付けた格好」の「結婚」という記述に、将来の別れが暗示されているかのようである。二人は一九三六（昭和一一）年一二月に結婚した。昭和一二年には長女の志津子、一五年には次女の多恵子、二〇年には長男の亮が生まれた。しかし幸せな生活は長くは続かなかった。長男が中学に入る頃にはすでに二人は別居生活に入り、息子が大学三年の時に二人は離婚することになる。しかし二人は憎しみ合って別れたというわけではなかった。二人は相性が合わなかった。井深の妻は名家に生まれたお嬢さんで、井深とは性格が合わなかった。夫婦としてはやっていけなかった。井深は後に息子の妻になる人に、「彼女はほんとうにいい人なのだけれども、私と夫婦としてはやっていけない人です」と語ったという。「僕もこの年になったから、そろそろ好きなことをしたいよ。させてくれ」と言って、井深は家を出ていったという[17]。

3　盛田昭夫――生涯のパートナー

日本測定器を設立

ＰＣＬはやがてトーキーの下請けだけでは商売が成り立たなくなり、映画会社に変わっていった。映画の自主制作を始めたのである。井深は映画事業には合わなかったので、二九歳の時に植村に頼んで、日本光音株式会社に異動させてもらった。日本光音は植村が社長を務める一六ミリのトーキーの映写機をつくる会社だったが、井深は会社に入るとわざわざ無線部をつくってもらい、主任格として様々な研究を行なった。若き井深の思いを叶えてあげようという植村、そして日本光音の人々の温かな思いやりをそこに感じる。それだけ井深は魅力的だったのだろう。また日本光音では、後にソニーで一緒に働くことになる仲間にも出会った。

日本測定器時代、左端が井深大　1940年　32歳

しかしそもそも日本光音はトーキーの映写機をつくる会社であったために、新しいことを「片っぱしからやりたい」井深にはだんだんと窮屈になっていった。そこで、日本光音の無線部を独立させて、測定器専門の会社を立ち上げることにした。植村を社長として、早稲田大学時代の仲間とともに社員三〇人からなる日本測定器という会社を昭和一五年につくり、井深は常務に就任した。場所も五反田と後のソニー本社に近かった。

日本測定器は井深のその後の生き方に関して、二つの大きな影響を与えた。第一に、仕事の上での「イデオロギー」が確立したことである[18]。それは、機械と電気の融合で、電気と機械の双方の特徴を活かした仕事をしようという考えだった。そしてこの考えは、「単に電気、機械等の形式的分類は避け、その両者を統合せるがごとき、他社の追随を絶対に許さざる境地に独自なる製品化を行う」と東京通信工業設立趣意書でも高らかに謳われることになるのである。つまり日本光音時代に東京通信工業設立趣意書の実践的源流が築かれたのである。

日本測定器では、井深のリーダーシップのもとに、音叉発振器、増幅器などの試作研究を開始した。それらは軍の無線操縦やレーダーの周波数標準などに使われるようになり、そのために軍関係の仕事が急速に増えていった。徐々に日本測定器は軍需メーカー化していったのである。例えば井深の発明した周波数継電器は、潜水艦探知機に使われたりした。[19]飛行機からぶら下げて使用する潜水艦発見装置の心臓部に使われたのが井深の開発した増幅器で、水面下三〇メートルまでの潜水艦を発見できたという。[20]

日本測定器の事業は軍需で成長を続け、従業員数も一〇倍に急速に増えていった。戦争が深まると日本測定器にも学徒動員の学生が送られてきたが、その中には上野の音楽学校（現東京藝術大学）の学生もいた。すると井深らは、彼らの音感と音叉を使って測定器を使わずに周波数の調整を行うという、独創的な手法を考えついた。音楽学校の学生はなにしろ音感がよく耳が確かなので、音叉一本で周波数の調整ができてしまったのである。学生も自分の才能が役立つと大喜びで、時には工場で従業員も一緒になって大音楽会が催されたという。戦時下で厳しい時代だったが、芸術を楽しみ、音楽を愛し、人生を豊かに明るく過ごそうという井深の人生観がそこにうかがえる。

盛田昭夫との出会い

日本測定器で井深の人生に大きな影響を与えたもう一つのことが、盛田昭夫との出会いだった。新兵器を研究するための軍の科学技術研究会で井深は、終生のビジネス・パートナーとなる盛田昭夫に初めて出会った。この科学技術研究会は陸海軍と民間の研究者から構成されており、熱線探知で飛ぶロケットの開発をする分科会の場で、二人は初めて出会ったのである。それは終戦の年、一九四五（昭和二〇）年三月のことだった。当時、盛田は任官したばかりの海軍中尉。初めての出会いを井深は次のように記している。

私と盛田君とは年こそ一〇年もの違いがあるが、[21] 二人はそのころからよくウマが合った。盛田君は阪大理学部出身のすぐれた技術将校だったが、そうした彼の教養に私の心を動かすものがあり、熱線爆弾の研究を通して心と心の結びつきを深めていった。[22]

一方、盛田は次のように記している。

そのグループの民間代表の中に、当時自分で会社を経営していたすぐれた電子技術者で、のちに私の人生に多大の影響を与えることになった人がいた。井深大氏である。井深氏は私より十三歳年上だったが、はじめからたいへん気が合い、ここでの出会いが縁で、彼は私の生涯の先輩、同僚、相棒、そしてソニー株式会社を一緒に設立するパートナーになったのである。[23]

井深は年齢の差など問題にする人ではなかったから、一三歳の年齢差は関係なかった。分科会で最年少だった盛田の存在は、ちょうどPCL社の技師長会議に出席を許された若き日の井深の存在に近かった。若き盛田の姿に、井深は自分のかつての姿を重ね合わせたのではないだろうか。盛田も次のように記しているのである。

この研究グループの一員であることは、私にとって非常に名誉なことであった。なにしろメンバーのほとんどは、その道では著名な大先生ばかりだった。若くて生意気だった私も、次第に目上の人とのおつきあいに馴れていった。われわれは時代を先どりしたこの計画のために何日も一緒にすごしたが、その結果お互いにたいへん親しくなった。[24]

井深は盛田の「教養」に惹かれ、盛田は井深の思考の新鮮さと独創性に大きな感銘を受け、「ぜひこの人と一緒に仕事をしたい」と思うようになった。[25] 初めて会った時から二人は共同で会社をつくることを話し合ったというのだから、強烈なケミストリーをお互いに感じたのだろう。そしてその日は、終戦とともに訪れることになる。

（1）『Family』故 井深大ファウンダー・最高相談役追悼特別号（一九九八年四月、ソニー株式会社発行）二〇ページ。
（2）井深大［二〇一二］、『井深大 自由闊達にして愉快なる――私の履歴書』（日経ビジネス人文庫）三三ページ。以下『自由闊達にして愉快なる』と表記する。
（3）同前三五～三六ページ。
（4）同前三五ページ。
（5）同前一三五ページ。
（6）同前三七～三八ページ。
（7）大濱徹也「学び！と歴史」日本文教出版Ｗｅｂマガジン『まなびと』Vol.98「新渡戸稲造から学んだ世界」。
https://www.nichibun-g.co.jp/column/manabito/history/history098/
（8）前掲『自由闊達にして愉快なる』二〇四ページ。
（9）神谷美恵子は美智子皇后陛下の相談役を務めたことでも知られている。
（10）井深によれば、前田多門は新潟県知事であったために自動的に大政翼賛会の地方支部長を務めており、それが原因で文部大臣をパージされたという。前掲『自由闊達にして愉快なる』五七ページ。
（11）前田はその後、日本育英会会長、日本ＩＬＯ協会会長、世界平和アピール七人委員会などを歴任し、一九六二年に亡くなった。享年七八歳。
（12）前掲『自由闊達にして愉快なる』三九ページ。
（13）前掲「新渡戸稲造から学んだ世界」。
（14）『ニューエイジ』という雑誌に掲載された「新公民道の提唱」と題する記事の中での前田の見解。この雑誌は毎日新聞社から発行され、記事は一九五一年の第三巻第一号に掲載されている。引用は以下による。
https://www.nichibun-g.co.jp/column/manabito/history/history097/　なお、この雑誌は国立国会図書館デ

ジタルコレクションにある。http://dl.ndl.go.jp/info:ndljp/pid/2310506

（15）大濱徹也「学び！と歴史」日本文教出版Ｗｅｂマガジン『まなびと』Vol.97「前田多門の眼」所収。https://www.nichibun-g.co.jp/column/manabito/history/history097/　原典は、前田多門〔一九五五〕「わたくしの素朴な幻滅感」。

（16）前掲『自由闊達にして愉快なる』二〇五ページ。

（17）井深亮〔一九九八〕、『父 井深大――経営者として、教育者として、家庭人として』（ごま書房）七四～七五ページ。

（18）前掲『自由闊達にして愉快なる』四三ページ。

（19）継電器とは、ある回路の電流の断続に応じて、別の回路を開閉する装置。井深が発明した周波数継電器は、特定の周波数の低周波にだけ鋭敏に反応して振動する機器の先に接点をつけ、継電器を働かせるようにしたもの。ソニー広報部〔二〇〇一〕、『ソニー自叙伝』（ワック）一六ページ。

（20）盛田昭夫〔二〇一二〕、『〔新版〕MADE IN JAPAN――わが体験的国際戦略』（ＰＨＰ研究所）。本書の奥付には著者連名及び訳者として下村満子の名が記されているが、その経緯は本書冒頭の下村による「新版にあたって」に詳しい。本書の初版は一九八六年に朝日新聞社から発刊された。以下『〔新版〕MADE IN JAPAN』と表記する。

（21）実際には一三歳の差があった。

（22）前掲『自由闊達にして愉快なる』四六ページ。

（23）前掲『〔新版〕MADE IN JAPAN』五三ページ。

（24）同前。

（25）同前七二ページ。

Ⅳ　東京通信工業の誕生

1　東京への進出

終戦を機に「すぐ東京へ」

東京で戦火は次第に激しくなり、日本測定器も東京を脱出して長野県須坂に疎開した。二万坪のりんご園を持つ製紙工場を改造して工場をつくった。東京から連れていった工員に加えて、地元で新たに工員を採用して、一気に八〇〇名の人々が働く大工場となった。空襲もなく、食糧事情もよかったので、生産は順調に運び、スパイ防止用の音叉を使った秘密通話装置などを生産したりしていた。

しかし軍相手の仕事では、仕様書通りに製造しないといけなかったので創意工夫の余地がなく、井深は面白くなかった。面白くないどころではなく、人の死につながる戦争に技術を使うことに反対だった。彼は領土の取り合いも、技術を競い合う技術オリンピックのようなものを開催して行えばよいなどとも考えていた。戦争も起きないし、技術も磨かれるし、こちらのほうがよっぽどいいと考えたのである。井深は戦争が終わり、「コンシューマー（一般消費者）相手の仕事で、技術者としてほんとうに勝負できる」日を夢みていた[1]。

当時、井深の義父の前田多門は軽井沢におり、近衛文麿を通じて戦局の動向について詳細な情報を得ていた。近衛は軽井沢まで出かけて、前田に戦局の相談をしていたのである。義父との話を通じて日本の敗戦が決定的であることを井深は認識していた。盛田もまた敗戦を見越しており、終戦の一週間前に須坂にいる井深を訪れ、二人は一晩語り明かした。軍人でありながら、盛田は日本は絶対に戦争に負けると語り、井深と盛田は二人で終戦後に何をしようかと、未来をあれこれ構想したのだった。

しかし予期していたこととはいえ、敗戦が現実のものになると井深はショックを受けた。しかし彼はすぐに行動を開始した。社内には、そうあくせくしなくてもいい、生活だけなら長野でもどうにかなるのだから世の中が落ち着いてから東京に出ればよいという長野残留派もいたのだが、井深は違った。東京には早く出たほうがいいと考えたのである。井深は日本光音時代からの仲間である樋口晃に、終戦の一〇日くらい前に「樋口さん、戦争はもうすぐ終わるよ。終わったらすぐ東京へ出るよ」と語っていたという[2]。自分の人生はだいたい五〇年と考えていた井深は当時三七歳。時間は限られていたのである。

彼は七人の仲間とともに、九月には東京に戻り、「東京通信研究所」の看板を、日本橋白木屋の三階の一室に掲げたのである。これこそ有名なソニー発祥の地ともいえる白木屋の一室だった。しかし思い切って東京に出てきたはいいが、具体的な事業アイデアがあったわけではなく、資金源も井深のポケットマネーだけだった。事業を興すには資金が必要で、井深らは知恵を絞った。会議では焼け野原にゴルフ場を開設したらどうかとか、食品産業、なかでも和菓子を製造してはどうかとか、いろいろ奇抜なアイデアが出されたという。

しかし電気屋は電気屋の仕事が一番だ、というところに落ち着いた。最初にパン焼き装置の製造を考えたが、それはやめた。すでに当時、たくさんの企業が電気パン焼き装置を販売しており、人のモノマネをするのは面白くなかったからだった。このような中でできたのが、木製の単純な桶型容器の底にらせん形の電極をつけただけの炊飯器だったが、しかしそれは失敗に終わり、この電気炊飯器はソニーの失敗第一号の商品となった。

盛田昭夫との運命的な再会

このような様々な試行錯誤の上に成功した製品も生まれた。それが、真空管一本の簡単な受信回路を小さな木箱に収めた短波受信アダプターだった。これは標準型のどんなラジオにもごく簡単に取りつけられ、手持ちのラジオを一瞬にして短波受信機に変えてしまうという優れた装置だった。闇市で真空管を高く売りつけられるといった苦労はしたものの、製品は大変な売上で、昭和二〇年一〇月六日付の『朝日新聞』のコラム「青鉛筆」で義父の前田と面識のあった記者に次のように紹介された。

前田文相の女婿に当る元早大理工科講師井深大氏はこの程日本橋白木屋の三階に東京通信研究所の看板を掲げ、商売気を離れて一般受信機の改造、または付加装置により短波受信機を普及させようと乗出した。（中略）今後民間放送が許可されて私設の放送局により数ヶ所から発信されるようになると、従来の受信機ではどうしても混線して聴き取り難くなるが、改造或は附加装置によってこれを聴き分けられるようになるという。[3]

この記事の反響は大きく、新聞で記事をみた客が白木屋の一室の前に列をつくったほどだった。しかしそれ以上に大事なことは、一〇月六日付の『朝日新聞』の名古屋版で、盛田がこの記事を読んだことだった。

盛田は「親しい友人」井深の久しぶりの朗報におおいに興奮し、すぐさま東京で会いたいと手紙を書き、井深の事業への協力を申し出た。井深からすぐに返事が来て、新しい会社をみにきてほしいこと、経営は極めて苦しく、自分のポケットマネーから社員の給料を支払っているという状態で、新たな資金源を探していることなどが記されていた。

盛田が東京に井深を訪れると、白木屋の一室は「見るも哀れなもの」だったが、井深の顔は生き生きとしていたという。[4] 元々、盛田は高校時代の恩師から誘いを受けて、東工大の講師の職につくために東京に出てきたのだが、長い話し合いの末に、一九四六（昭和二一）年三月、二人はついに共同で新会社を設立することを決意した。二人が初めて出会ってから一年しか経過していなかった。急速に二人は夢を共有していったのである。

だが、二人が会社をスタートするには、大きな壁が存在していた。盛田の父親の説得だった。盛田家は酒造業を家業として営み、三五〇年以上の歴史を誇っていた。代々の当主は久左エ門を名乗り、盛田は一五代目にあたった。盛田自身が記していたように、当時の日本では、男子、とりわけ長男がその家族の伝統である家業を継がずに全く別の仕事につくということは大事件であった。(5) そこで盛田、井深、そして文部大臣を辞めてからまだそれほど月日のたっていなかった前田の三人で夜行列車に乗り、盛田の父親に直接、許しを乞うために盛田の実家に向かった。昭和二一年四月のことだった。

盛田の家族は井深と前田を温かくもてなした。「あのとき前田さんとともに君の家族から受けた歓待は、いまだに忘れない。それにあの時出されたバターとジャムのついたパンと紅茶の何とおいしかったことか」と井深は後に盛田に述懐したという。(6) 盛田家はパン会社も所有していて、その味はなかなかのものだったというが、多くの国民が食うや食わずの日々を送っていた食糧難の時代に、それはさぞかし美味しかったことだろう。

皆が打ち解けた頃、井深と盛田は新会社とそれにかける夢について盛田の父親に語り、新しい事業には盛田が絶対に欠かせないと説明した。それに対して盛田の父は、息子の昭夫が跡継ぎとして家長となり、家業を続けてくれることをずっと望んでいたとしながらも、「しかし、息子が自己を磨くため、あるいは自分の能力を活用するために他のことをしたいと言うのなら、そうするべきだと思う」と井深と前田に語った。そして息子の昭夫をみて笑いながら、「お前は自分の一番好きなことをやりなさい」と語ったという。この発言に盛田は喜び、井深は驚いた。後に井深は「君を手に入れるのはもっと大変だろうと思ったよ」と盛田に語ったという(7)。盛田の父親の大きな決断には、前田の力も大きかった。「前田さんから見込まれたのだから、やってみるか」と父親から言われたことを、後に盛田は思い起こしていた(8)。ともかく、息子の夢を叶えることを許した盛田の父親のこの日の決断がなければ、今のソニーは存在しなかったかもしれない。その後も盛田の父親は資金面でも井深と盛田を支援し続けたが、井深と息子、そして新しい会社の未来を信じ、その返済を迫ることはなかったという。

2　品川、御殿山の地へ

東京通信工業の設立

こうして井深と盛田は共同出資で一九四六（昭和二一）年五月七日に東京通信工業を設立した。創立式には三〇人の人が集まった。初代社長は義父の前田多門、資本金は一九万円。当時三八歳の井深は専務に、当時二五歳の盛田は常務についた。また相談役には田島道治が就任した。

社用車として購入したダットサンに乗る井深大　1946年　38歳

田島は前田と並んで「新渡戸四天王」の一人であり、前田の親友だった。彼も前田とともに新渡戸と内村鑑三門下生の中心で、クリスチャンだった。前田は「俺の婿が会社を始める。だが、なにぶんにも金はない。銀行との連絡をよろしく頼む」と田島に助けを求めた。井深が盛田昭夫と仕事をすることを知ると、田島は盛田の息子ならいいと大賛成してくれた。愛知銀行常務、昭和銀行頭取などを務めた田島は、盛田家のことをよく知っていたのである。彼は支援の申し出に応じるだけではなく、若い技術者ばかりの集団は何をするかわからないからと、相談役として監督してくれることになった。(9)

田島はさっそく帝国銀行（現在の三井住友銀行につながる）頭取の万代順四郎のもとを訪れた。万代は当時、日本で指折りの銀行家で、金融界では「神様のような存在」だったという。(10)

知り合いの青年技師たちが真面目に仕事をしようとしている、ひと肌脱いでくれないか、帝国銀行を挙げて援助してくれないかと田島が頼むと、「よし、やろう」と万代は即決したという。[11]

当時の東京通信工業はまだ小規模で資金もないベンチャーだった。万代の決断のエピソードは、終戦直後のこの時期に、そのような企業と一緒に冒険をしようという気概のある銀行があったということを示唆している。事業計画を出せ、審査をするなど細かいことを言わずに、井深と盛田の事業への思い、ロマンにかけてみようと金融家は思ったのである。「その実、科学、なかんずくとも技術ということについては、無知に等しかった私としては、諄々と説く井深理想に大いに啓発・開明されて、この小さな会社は必ずものになると、固い確信を抱くに至りました。しかし、当時は、正直なところ、世界に誇るべき現在のソニーを想像もしておりませんでした」と、万代とともに東京通信工業の立ち上げ時代にかかわった小山五郎は、当時のことを後に振り返っている。[12]

後に万代は相談役となり、GHQによる公職追放後、他のすべての役職は辞したが東京通信工業の仕事だけは続け、一九五三年から一九五九年までは会長職を務めた。万代の存在は、立ち上げ直後、資金的に不安定だった東京通信工業の大きな助けとなり、資金繰りや増資で井深と盛田は万代によって窮地から救われた。このような支援は、万代の次の帝国銀行頭取だった佐藤喜一郎にも継続された。井深と盛田が始めた新しい事業の将来性と重要性を確信した金融機関のバックアップは、会社の立ち上げ期の東京通信工業に経営の安定性を与えた。

監査役には、戦前は第二次、第三次の近衛内閣で、戦後は鈴木貫太郎内閣、東久邇宮内閣で法制局長官を務めた村瀬直養が就任した。こうして井深三八歳と盛田二五歳の実質的ツートップを、経験も豊富で、政財界に様々なネットワークを持つ、超大物の六〇代のベテランがいわばアドバイザーとして支援するという体制で東京通信工業はスタートした。田島、村瀬は前田の仲間であり、東京通信工業を興すにあたって前田の人脈が果たした役割は極めて大きかった。優秀で高い実力を備えた彼らは、公職追放にあっていたこともあって（前田、村瀬、万代）、若き経営者の支援に力を注いだ。彼らベテランの大物アドバイザーに加えて、社外からは野村胡堂や盛田の父親が資金面で多大なる支援を行なった。

東京通信工業が発足して一ヵ月もたたずして、白木屋の工場では手狭になったので、長野県、小布施村にあった疎開工場を長野工場として開設し、従業員も増やした。こうして、経営も軌道に乗っていった。しかし白木屋からは追い出されてしまった。戦後復興とともに白木屋の商品も徐々に増え、売り場を拡大しないといけなかったからである。そこで井深らは吉祥寺と三鷹に工場を借りることにした。事業拡大には資金が必要だったので、昭和二一年八月には資本金を六〇万円に増資。この時も野村にかなりの額を出資してもらっている。しかし同年には新円への切替えが行われたために、新円稼ぎのために実に様々な製品を井深らは開発した。

中には、細いニクロム線を格子状に二枚の美濃紙の間に糊づけし、これにコードをつけた「電熱マットというインチキ商品」も開発した。これを東京通信工業の名前をつけて販売するのはさすがに気がとがめて、井深らは「銀座ネッスル商会」（熱する）名で販売した。ちょうど寒さに向かう時だったし、値段も手頃だったので、電熱マットはつくればつくるだけ売れた。しかし当時は昼夜で電圧が異なっていたために、昼間の電圧で暖かくなるようにつくられていた電熱マットが夜間に高くなった電圧で焦げて、苦情が殺到。下手をすると火事にもなりかねないということで、電圧が上がってくるのが気になって井深は夜も安心して眠れないくらいだったという。

バラバラになっていた社員を一カ所に

このような笑い話のような出来事もあったが、東京通信工業の事業は次第に軌道に乗り出した。すると、今度は借りていた三鷹の工場から立ち退きを迫られてしまう。井深と盛田は工場探しに奔走し、「『皆がいっしょに働ける工場が手にはいったらどんなにうれしいことだろう』としみじみ語り合った」という。工場探しだけではなく、当時の井深、盛田は実にたくさんの役割を会社で果たさないといけなかった。なんとかお金を工面して小型トラックを手に入れたものの、運転免許を持っていたのは井深と盛田だけだった。そのために彼らは経営者としての仕事に加えて、闇市での工場で使う材料や用具の買い出し、配送品の積み下ろし、配達までしないといけないという有様だった。

一九四六（昭和二一）年の暮れも押しつまってから、品川御殿山にあった約三〇〇平方メートルの日本気化器のオンボロバラック工場を借りることができ、ついにバラバラになっていた社員を一ヵ所に集めることができた。現在でもソニーの名を冠した建物として3号館が残っているが、道路を挟んだ向かいの場所にモニュメントが設置されている。日本橋に続く第二の創業の地を印すためのモニュメントであり、そこがまさに長らく、旧本社があった場所である。[13]

昭和二二年の正月早々、東京通信工業の二つの工場と事務所は御殿山に集結した。この工場は本当にオンボロで、ひどいあばら屋。床はガタガタ、板葺きの屋根は隙間だらけ。雨が降り出すと部屋の中で傘をささないといけなかったという。「それでも全員が一ヵ所に集まって、これから仕事がやれるというのはたいへんうれしいことだった」と井深は記している。[14] なぜならば、技術を追求することに深い喜びを感じ、社会的使命を自覚した人々が、「真に人格的に結合し、堅き協同精神をもって、思う存分、技術・能力を発揮できるような状態」という東京通信工業設立趣意書に記された理想が、ついに御殿山の地で実現したからである。「愉快なる理想工場」の建設が御殿山で始まった。

工場の片隅にあった宿直室兼用の八畳の部屋で毎月、役員会が開催された。会議が終わると破れた畳の上でざるそばを食べるのが恒例だった。前田社長、万代相談役、田島相談役、村瀬監査役という大物幹部だけではなく、時には当時の三井銀行社長、佐藤喜一郎が参加することもあったという。彼ら大物ベテランは、そばをすすりながら、井深、盛田らの話に耳を傾けたという。前田らは、戦後日本の発展を井深、盛田にかけたのだろう。そして彼らは期待に見事に応えた。その後の東京通信工業、そしてソニーの発展が、それを証明している。

盛田昭夫（当時常務、26歳）と井深大（当時専務、39歳）　1947年5月

御殿山に引っ越してきた1947（昭和22）年の夏、工場前で。左から3人めが井深大、4人めが盛田昭夫

（1）井深大［二〇一〇］、『わが友 本田宗一郎』（ごま書房新社）二〇三ページ。初版は一九九一年、ごま書房刊。
（2）『Family』故 井深大ファウンダー・最高相談役追悼特別号（一九九八年四月、ソニー株式会社発行）三三ページ。樋口晃の井深を偲ぶ言葉。
（3）盛田昭夫［二〇一二］、『〔新版〕MADE IN JAPAN――わが体験的国際戦略』（PHP研究所）七五ページ。なお、井深は戦後直後、早稲田で教鞭をとったことがあるので、この記事で元早大理工科講師として紹介されている。
（4）同前七六ページ。
（5）同前七七ページ。
（6）同前。
（7）同前七八ページ。
（8）雑誌『経済界』（一九八三年四月二六日号）での盛田へのインタビュー「変わり種の集団だからソニーは成長できた」。http://net.keizaikai.co.jp/archives/7054
（9）田島はその後、一九四八（昭和二三）年六月に時の芦田均首相によって宮内府長官（初代の宮内庁長官）に任命される。田島は宮内庁長官を五年間務め、戦後の皇室改革に尽力した。長官辞任後、東京通信工業の監査役に就任し、その後、取締役会長、相談役を歴任した。
（10）前掲『〔新版〕MADE IN JAPAN』一一七ページ。
（11）ソニー広報センター［二〇〇一］、『ソニー自叙伝』（ワック）二七ページ。なお本書の末尾に「この作品は、一九九八年三月にワックより刊行された」と記されており、その再発刊だが、内容はほぼ同一と思われる。

(12) 前掲『Family』故 井深大ファウンダー・最高相談役追悼特別号五九〜六〇ページ。ソニーグループ葬における友人代表、小山五郎の弔辞。三井銀行、さくら銀行頭取だった小山は一九七六年から一九八九年までソニーの社外取締役を務めた。

(13) 以上の東京通信工業発足時に関しては、井深大［二〇一二］、『井深大 自由闊達にして愉快なる——私の履歴書』（日経ビジネス人文庫）五三〜六六ページ。

(14) 同前六五ページ。

V　井深がリードしたソニーのイノベーション

「焦る」かのような難プロジェクトの数々

ここまでの章で井深という人間がどのように形成されたのか、いわば井深の思想の原点に注目しつつ、その軌跡を追ってきた。本章ではここから、東京通信工業設立以降の井深の歩みを、すなわちソニーが世の中に送り出した代表的なイノベーションをハイライトするかたちで辿ってみることにしよう。

トランジスタラジオ、トリニトロン・カラーテレビなど、井深、盛田のリードのもとに、ソニーが世の中に送り出したイノベーションは広く知られている。とりわけ井深は、一九四六（昭和二一）年に東京通信工業がスタートしてから、なんと一〇年以内に日本初のテープレコーダー「G型」、日本初のトランジスタラジオ「TR-55」という、難しく、そしてまた東京通信工業、ソニーの歴史に残る製品の開発プロジェクトを成功裏に終え、その名を世界に知らしめた。このようにいわば「焦る」かのように次々と難しいプロジェクトに挑んだのは、先述のように、井深が自分の人生を五〇年と考えていたからだった。井深が五〇歳になるのは一九五八（昭和三三）年だった。したがって、自分には一二年くらいの時間しか残されていないと井深は考えていたことになる。そこで彼は「あわてて」テープレコーダー、テープ、トランジスタラジオを次々と開発することになる。しかしその「焦り」があったからこそ、またなんとか成功したいという強い執念があったからこそ、難しい開発をやり遂げることができたのだった。こうして井深は短い時間で東京通信工業、ソニーの名を世界に広めることに成功したのである。

1　テープレコーダー

経営者としての大きな決断

東京通信工業をスタートした井深と盛田らは、どのような製品をつくるべきか議論を重ねた。たびたびラジオ受信機が候補に挙がったが、井深はこの案に断固反対したという。理由は、ラジオの製造はどこでもできることであり、それでは時代に先駆けた独創的な新製品を生産するという東京通信工業設立趣意書に書かれた信念に反してしまうからだった。しかし、それでも東京通信工業は立ち上がったばかりであり、キャッシュが必要だった。そこで井深は、大手メーカーが全く関心を持っていなかったラジオの修理用部品の製造を行なった。「理想としていた創造的事業とははるかにかけ離れた仕事だったが、井深氏は何もかも承知の上でそれをやった」[1]。理想を掲げながらも、会社を存続させるための経営者としての井深の現実的な決断だった。

たとえ他社が力を入れていないにしても、既存製品の修理部品製造は井深の目指すところではなかった。彼の心は常に新しい製品、日本に存在しなかった製品の開発に向けられていた。実は彼には密かに温めていた構想があった。ワイヤレコーダーがそれだった。ワイヤレコーダーとは鋼線を使った録音機で、すでにドイツ製の製品が存在していたし、日本でも戦中に東北大学で技術開発がかなり進んでいた。ワイヤレコーダーの開発・製造を構想した井深は、銅線の製造を住友金属に掛け合った。しかし、最終的にそのリクエストは叶わず、この構想は実現には至らなかった。しかし、それは東京通信工業の未来にとって逆に幸運なことだった。ワイヤレコーダー構想の挫折が、東京通信工業初のイノベーションともいえるテープレコーダーの開発につながっていったからである[2]。

当時、東京通信工業は、井深の早稲田第一高等学院時代の友人、島茂雄を通じて、NHKとの仕事も行なっていた。放送用ミキシング装置を製造し、それを納入したのである。製品納入の日に、井深はNHKのオフィスの一室にあったアメリカ製のテープレコーダーをみつけた。井深は初めてみたにもかかわらず、その時、直観的に「これだ、われわれのつくるものはこれ以外にない」[3]と確信した。日本で最初のテープレコーダーを製作するという決断がその時なされた。それは一九四九（昭和二四）年のことだった。

実際にテープレコーダーにはない特長を備えていた。ワイヤレコーダーでは録音が編集不可能だった。録音したものの一部を変更するには、他の部分と完全に同調させて再録音しなければならず、これは並大抵のことではなかった。それに対してテープの接合は簡単だから、録音の変更は容易だった。井深の直観は正しかったのである。

ところで、井深の決断は、彼の経営者としての資質が問われかねない重大な決断でもあった。当時、井深が次から次へといろいろな製品を思いつき、あれこれ手がけるために、社員、とりわけ経理担当は少々うんざりし始めていたのである。当時、東京通信工業の社員は四五人で、その三分の一が大学出で、盛田の言葉を借りれば、「秀才揃いの頭でっかちの会社」だったという。井深があれこれ製品を考えたのは、集まった優秀な社員に仕事をみつけないといけないと悩んだ末のことだった。しかし井深の悩みを若い社員は知らなかった。そして井深自身も、自分の信用がこうした優秀な社員の間で問題になっていることに気づいていた。彼は経営者として社員の信頼を勝ち得ないといけなかったのである。

テープレコーダーの製作という新しい構想に興奮した井深は、それこそ東京通信工業にふさわしい仕事であることを確信した。そこで彼は社員の説得に動き出した。井深はＮＨＫを管理下に置いていた進駐軍に頼んで、テープレコーダーを借りてきて東京通信工業の仲間にみせた。テープレコーダーをみた社員も、これこそわが社にふさわしい製品であると納得した。しかし、それでも経理担当者、とりわけ盛田の父親が財政面でのお目付け役として送った会計係は、今回のアイデアは費用ばかりかかって成功の見込みは少ないと考えて難色を示していた。そこで井深は盛田と共同戦線を張って、この会計係の説得に動いた。闇の料理屋に連れて行き、その頃はなかなか手に入りにくかったビールまでついた大ご馳走を振る舞った。飲み食いしながら井深と盛田は、テープレコーダーの長所を並べ、業界に大革命が起こること、そのためには早く開発を開始しないといけないこと、そうすれば大会社にも勝てることを延々と語り聞かせた。

効果はあった。彼らの熱意とご馳走で、会計係はその場で事業計画を承認した。井深はついに説得に成功したのである。後に井深は、新しいことに挑戦するにあたって説得が重要であることを、次のように語っている。

私は「説得工学」という言葉を発明したつもりなんだけど、自分がいいものに気がついたと思ったら納得するまでやって、上司も納得させなければならない。トップがわからなかったらケンカしてでもいいところをわかってもらえるよう、とことんやっていかないと本物にはならないね。ただアイデアだけ出して独創性だ創造性だと言っても仕方がないんだよね。(4)

ハードとメディア

一九四九（昭和二四）年にスタートしたテープレコーダーの開発は、しかし難航した。課題はテープだった。井深らは、最初からレコーダーとテープの両方を製作することを考えていた。レコーダーを購入した顧客は当然テープを必要とするから、レコーダーだけでは旨味のあるビジネスはできないと考えた。ハードとメディアの両輪からなる革新的ビジネスモデルを、井深らはすでにこの時から考えていたのである。

すでにワイヤレコーダーについて調べていたから、井深らはテープレコーダーの機械部分や電気系統の開発については自信を持っていた。しかし井深らは録音テープの製法について全く知識を持っていなかったのである。そもそも日本には磁気録音テープについて詳しい人はいなかったし、輸入もされていなかった。彼らはゼロから自主開発しないといけなかったのである。

まずテープの素材が難題だった。まだプラスチックのなかった時代である。セロハンを試したり、ともかくあらゆるものを試して最適な素材の模索が行われた。最終的に薄くて丈夫でなめらかな上質のクラフト紙をテープの素材にすることが決まった。次にみつけないといけないのは、テープに上塗りする磁気材料だった。開発のリーダーに抜擢されたのは当時まだ入社二年目の若手、木原信敏だった。当初は見当もつかなかった。いろいろな素材をテストし、試行錯誤の末、最終的に、熱すると酸化第二鉄になるシュウ酸鉄が素材として最適であることを発見した。都内の薬品問屋を探し回って、シュウ酸鉄を取り扱っている店をようやくみつけた。二瓶購入し、会社でフライパンを使って酸化第二鉄をつくり出した。次はそれを透明ラッカーに混ぜて上質のクラフト紙に塗らないといけなかった。これがまた難しく、エアブラシを活用するなどいろいろな方法を試した。なんとタヌキの腹部の柔らかい毛でつくった筆を使って手で塗るという方法も模索された。最終的に行き着いたのは、磁気の粉を溶剤で溶き、クラフト紙に印刷するという方法だった。

こうしてできあがったテープレコーダーの音質は、必ずしも高くなかった。録音した声は、「もしもし」さえ聞き取れないほどだったという。しかし、ゼロから始めて、上質のクラフト紙を使って完成させた日本初のテープレコーダーは彼らの自慢だった。井深はその時の感動を次のように記している。

いろいろやった末、なんとか音が出るようになったのだが、このときは木原主任研究員をはじめ研究従事者は徹夜で研究する日が何日も続いたのだった。苦労が大きかっただけに思いのままの音を録音できたときは、みんな手をとってうれし泣きに泣いた。[5]

テープレコーダーは、ハードと、そのハードで使われるメディアの双方を提供するという、その後のソニーのビジネスモデルの原型ともなった。そのために井深は後に、「テープレコーダーとテープを一緒に商品化したメーカーは他にないこと」を、「ソニーでいちばん誇れること」と語ったのである。[6]

工場内を視察する井深大（42歳）と盛田昭夫（29歳）　1950年

イノベーションとマーケティング

こうして一九五〇（昭和二五）年七月、日本初のテープレコーダー「G型」が完成した。まさにその開発は、井深が東京通信工業設立趣意書に記した、真面目なるエンジニアが「真に人格的に結合し、堅き協同精神をもって、思う存分、技術・能力を発揮できるような状態に置くことができたら、たとえその人員はわずかで、その施設は乏しくとも、その運営はいかに楽しきものであり、その成果はいかに大であるか」ということを井深が実感した瞬間だった。「G型」の成功は、「やればなんだってできるのだ」という大きな自信を井深に与えた。その意味で、テープレコーダーの開発は、ソニーの歴史においてエポックメーキングだったのである。「私はこのとき新商品の開拓の困難さと、それが成功するといかに強いものであるかということをじゅうぶん味わった」と井深は後に記している。[7] そして「G型」の成功とともに、井深は代表取締役社長に就任し、名実ともに東京通信工業のトップになった。

しかし、開発の成功で満足してはいけなかった。大学でのサラリーマンの月給が一万円以下の時代だった時に、「G型」の値段は一六万円と極めて高価な上に、かさばって三五キログラムもして重かったために、その販売は芳しくなかったのである。前田多門の紹介で、速記者の仕事用に最高裁判所に購入してもらったり、官庁には納入することができたりしたのだが、井深らが意図したように広く普及するまでには至らなかった。そこで井深は木原に「G型は大きくて重い。次は小型トランクほどの大きさのものを開発してくれ」と命じた。[8] この指令を受けると木原は数日間、徹夜で図面をひき、プロトタイプをつくり上げた。それをみた井深はたいそう喜び、会社の総力を挙げて商品化しようと、社内の主だった専門家数人を熱海の宿に集結させて、設計と生産を議論した。これは後々まで語り継がれる「熱海のカンヅメ」であり、こうしてより小型の「H型」が翌年には完成した。それは井深の強い意志と行動力の賜物だったのである。

小型の「H型」の値段は八万円と「G型」の半額で、顧客も購入しやすかった。しかし、テープレコーダーは革新的なものだったから、その価値が人々に伝わらないと売上にはつながらない。そこで「録音カー」というものを仕立て、全国の教育現場で、視聴覚教育の重要性を説く講演会を開催し、テープレコーダーの利用を宣伝した。その結果、瞬く間に教育市場が開拓されていった。まさにマーケティングが行われたのである。

日本初のテープレコーダー「G型」1950年

本社でG型テープレコーダーの発表会を開く。新築の山の上工場をバックに
1950年5月　42歳

そしてこのようなマーケティングをリードしたのが盛田だった。井深がイノベーションをリードし、その成果のマーケティングを盛田がリードする。勝利の方程式が確立した。そしてそれは、イノベーションとマーケティングを連動させるというソニーの「型」として完成されていった。

2　トランジスタラジオとSONY

トランジスタとの出会い

井深と盛田は早い段階から東京通信工業の海外市場開拓の必要性を考えていた。テープレコーダー事業が順調に伸びる中、井深は一九五二（昭和二七）年にアメリカに渡り、テープレコーダーがどのように利用されているのか実態調査を行なった。井深はほとんど英語を話せなかったが、あちこちを視察して回った。井深はアメリカでテープレコーダーの利用が語学教室以外にあまり進んでいないことにひどく失望したのだが、大きな成果もあった。ベル研究所で開発されたトランジスタの存在と、その特許を他社に使わせる予定であることを知ったのだった。

井深はトランジスタは科学技術の画期的進歩を象徴する技術だと考え、それに心を奪われた。しかしその時、トランジスタを使って何をつくるのか、具体的なアイデアが井深にあったわけではなかった。しかし、当時、社員数一二〇人を数えるまでに至っていた東京通信工業で、トランジスタの開発は、そこに集まった多彩な頭脳を持った技術者の総力を結集するのにふさわしい仕事ではないかと井深は考えた。

ウエスタン・エレクトリック社は、当時のトランジスタの周波数は低かったために、トランジスタを民生用に利用できたとしても、それはせいぜい補聴器くらいだろうと考えていた。日本の大手メーカーも、真空管を使ってラジオを製造していた。ラジオ用のトランジスタはもちろんなかった。しかし、井深や盛田は、需要の限られていた補聴器には興味がなかった。彼らは誰もが使うようなものをつくりたかった。そこで井深は東京通信工業の研究者と技術者とを総動員して、ラジオに使えるような高周波トランジスタの開発に踏み切ったのだった。

一九五三年、今度は盛田がウエスタン・エレクトリック社と契約を結ぶためにアメリカに渡った。盛田も当時はほとんど英語が話せなかったという。盛田は初めて訪れたアメリカに圧倒された。その時のことを、盛田は後に次のように記している。

だが、はじめて訪れたアメリカという国のスケールに、私ははじめ完全に打ちのめされた。何もかもがあまりに大きく、遠く、広大で、かつ多様だった。こんな国でわが社の製品を売るのは、とうてい無理な話だと思った。私はただ、ただ、圧倒された。好景気に沸くこの国に、足りないものなど何一つ無いような気がした。(9)

トランジスタの事業化は難航した。抵抗は通産省から来た。当時の日本の為替管理は非常に厳しく、特許使用料の最初の支払額二万五〇〇〇ドル（当時の金額にして九〇〇万円）を国外に送金するには、通産省の承認が必要だった。当時の日本は戦後、急速に成長していたが、外貨は不足していたし、通産省の役人の中にトランジスタという新技術を理解しているものはいなかった。しかも彼らは、東通工と一般に呼ばれていた、真空管もつくったことのない小さな企業には、最新技術を使う大事業などとても行えないと考えていた。そのために彼らは特許料の国外送金をなかなか承認しなかった。井深は何度も説明を繰り返し、ようやく六カ月後に承認が下りたのだった。

未知への挑戦

一九五三（昭和二八）年、東京通信工業はウエスタン・エレクトリック社と契約を結んだ。設立からまだ六年。テープレコーダーの成功で多少、名を知られるようになったものの、東京通信工業はまだ小さな町工場の域を出ていなかった。資金に余裕はなかったが、ウエスタン・エレクトリック社に特許料を支払ってトランジスタを製造する許可を得た。製造ノウハウも、何も知らなかった。そのために自力で製造装置を開発しなければならなかった。井深は盛田の義理の弟でもあった岩間和夫と再び渡米し、ウエスタン・エレクトリック社の工場を見学した。彼らがラジオへの利用を考えていると伝えると、ウエスタン・エレクトリック社は、ラジオだけはやめておけ、ラジオに使えるような高周波のトランジスタは歩留まりが悪く、商売にならないと忠告した。アメリカのように低周波のトランジスタを使った補聴器ビジネスではよい商売にならないと考えた井深は、「どうしてもラジオを物にしてやるぞと[10]」いう強い決心を堅くして日本に帰国した。井深はこの時のことを次のように振り返っている。

トランジスタなんかね、ボク自身が難しさを知らなかったからよかったと思うよね。[11]

井深の判断は論理的な分析にもとづくものではなく、「直観」だった。井深は帰国すると岩間をヘッドに、会社で最も「生きのよい」社員を集めて半導体部を設立した。果たしてウエスタン・エレクトリック社の忠告は正しかった。ラジオ用のトランジスタの製造は「不可能に近いほどむずかしい」ことがわかった。井深自身もトランジスタに手を出したことは大変な失敗だったのではないかと、たびたび反省した。しかし井深はくじけなかった。気を奮い立たせた。むしろ、「むずかしいからこそわれわれがやる価値があるのだ」と思い直した。

井深を支えていたのは、トランジスタに関する知識ではなく、なんとかトランジスタの価値をより多くの人に届けたいという強い目的意識だった。

好奇心がソニー製品を生んだというのは間違いだと思うんだよね……非常に強烈な目的意識

だけはあって、それを満たすために一体何をやったらいいか、そこに独創性、創造性を入れざるを得なかったわけですよね。(12)

後に井深は、自分自身を素人だと呼んでいた。(13) 優れたエンジニアだった井深のバックグラウンドを考えると不思議な自己分析だ。その理由は、目的を達成しようという執念が非常に強く、そのためには、どんなに無茶苦茶にみえる手法であろうとも、取り入れられるものは何でも取り入れたからだったのである。

こうして、苦労の末、最初のトランジスタラジオ「TR-55」は一九五五(昭和三〇)年に完成した。しかし歩留まりは五パーセントと極めて低かった。それにもかかわらず井深は商品化を決断した。それは井深自身が言うように、「あたりまえの企業家」だったら立てるわけがない「むちゃな計画」だった。しかし井深には、「歩留まりは必ず向上する」という目算があった。実際にこの「むちゃな計画」は、ソニーをはじめ日本のエレクトロニクスメーカーの世界における活躍につながる「貴重な無謀」となったのである。

もしあの時、アメリカでものになってからとか、欧州の様子をみてからこれに従ってなどと考えていたとしたら日本が年間五〇〇〇億円の輸出をするトランジスターラジオ王国になっていたかどうかははなはだ疑わしく、したがって今日のソニーもありえなかっただろうし、この無

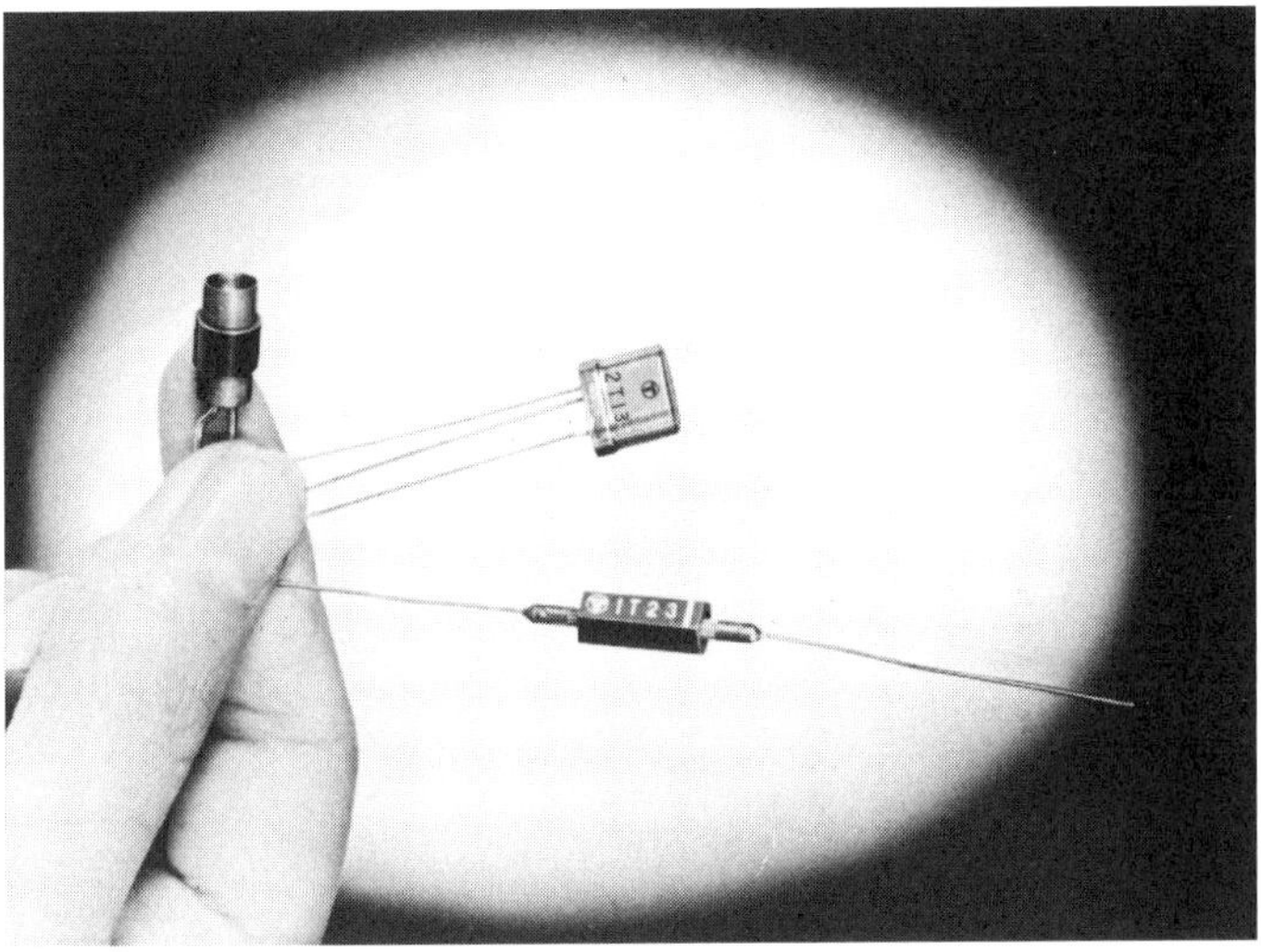

東京通信工業製のトランジスタとダイオード

日本初のトランジスタラジオ「TR-55」 1955年

謀ははなはだ貴重な無謀だったと考えている。(14)

無謀、思い切った挑戦。それがかつて、ソニーを中心とした日本のエレクトロニクスメーカーのグローバルな飛躍を実現した。現在、企業のロジカルで精緻な分析能力は、東京通信工業をはじめとした当時の企業と比べれば飛躍的に高まっている。しかしそれが逆に、無謀という、イノベーションにおいて大事な要素を現在の日本企業の中で弱めているのではないだろうか。無謀とか非常識への挑戦を行われなくしている現在のマネジメント上の問題もあるだろう。しかし、イノベーションとは非常識への挑戦、無謀への挑戦であることを忘れてはならないのである。

トランジスタラジオの成功は、東京通信工業の名前をさらに高めた。若くて優秀な技術者が集まった。その中には、エサキダイオードで一九七三年にノーベル物理学賞を受賞した江崎玲於奈もいた。一九五六年に入社した江崎は当時の東京通信工業の様子を、次のように語っている。

私が入社しました東京通信工業は従業員五〇〇人、まさに発展途上の会社で、会社全体があたかも技術研究所のように元気溢れる組織でありました。私が見た当時の東通工のカルチャーを一口で申し上げますと、「組織された混沌」〝organized chaos〟とでも表現できるのではないかと思います。部分的にみますと技術者は自由奔放に仕事を進め、混沌としておりますが、会社全体としては、目標が明確で良く秩序が保たれておりました。(15)

この江崎の言葉は、一九四六年の会社設立から一〇年を経て、東京通信工業設立趣意書に謳われていたように、真面目なる技術者が「真に人格的に結合し、堅き協同精神をもって、思う存分、技術・能力を発揮できる」「自由闊達にして愉快なる理想工場」の建設が東京通信工業でついに実現していたことを示しているのである。

SONYへ

初期のトランジスタラジオは高価だったために、もっぱら海外が市場だった。実はここに、創業から九年めにしてはじめて、ソニーのグローバルな成長のスタートが切られたのである。ところで、新しい小型ラジオには、新商標SONYのマークが光っていた。以前は東京通信工業のTの文字を逆三角形に入れたマークが使われていたが、外国で事業を展開するためには、東京通信工業という発音しにくい社名ではどうしようもないと考えられた。商標の変更を提案したのはアメリカから帰国した盛田だった[16]。

商標にも独創性を井深と盛田は求めた。それに加えて、人目につくもの、短く、ローマ字で書けること、さらにはどこの国でも同じ発音になるものでないといけないと二人は考えた。

二人は辞書と首っ引きで名前探しを行なった。まず音を意味するラテン語の「sonus」が二人の心をとらえた。音の商売だからこれが使えると二人は考えた。また当時、日本では「sonny」

とか、可愛い坊やを意味する「sonny boy」という言葉が流行っていた。井深と盛田はこの言葉が気に入った。楽天的で明るい響きがあるし、自分らこそ「sonny boy」だと二人は思った。そして「sonus」と「sonny」から「Sonny」という言葉が生まれた。日本人が発音して損に通じる「ソンニー」となることを避けるために最終的に「Sony」に決まった。

「Sony」は最初、商標としてだけ使われた。四角にSの文字を電気の稲妻のようにデザインした「Sony」のマークがTR-55につけられた。しかしその後、アメリカではすでに、マークよりも社名、ブランド名が直接、商品につけられていることに気づいた盛田の提案で、デザインした商標ではなくSONYの四文字だけを使うことにした。そしてその後、ソニーは社名としても使われることになり、一九五八（昭和三三）年、東京通信工業はソニー株式会社に社名変更されたのである。それは井深が五〇歳になる年だった。未熟児として生まれた自分の人生は長くはないと考えて、彼はこの年を一つの目標に定めて生きていたのである。社名変更にあたっては社員の間から納得がいかないと不満の声も上がったのだが、井深は「変える前とか変えた当座が問題になるので、しばらくすれば、そんなに問題にするほどのこともないと思う。（中略）SONYになれば外国人なら誰にでもソニーと発音できる」[17]と意に介さなかった。

独創性を追求しない日本企業への失望

ところで、TR-55の売れ行きはよかったのだが、歩留まりの悪さから売上規模はなかなか上

世界初の直視型ポータブルトランジスタテレビ「TV8-301」の発表会で
1959年12月　51歳

打ち合わせをする井深大と盛田昭夫　1961年

がらなかった。そこで次に井深らは、トランジスタラジオの小型化に取り組むことにした。商品化を目指したのは小型のラジオ、それもワイシャツのポケットに入るような小さなラジオだった。日本人は昔から小さなものや、小さくまとまったものが好きで、そのようなモノづくりを得意としていた。当時、音楽愛好家は、純粋な音、本物に近い音を求めるあまり、かさばって熱く、長持ちしない真空管をたくさん使うようになっていた。そこで井深らは、真空管の代わりにトランジスタを使えば、商品を大幅に小型化できると考えたのである。マーケティング担当としての役割を発揮し出した盛田は、単なる「ポータブル」ではなく、「ポケッタブル」（ポケットに入る）にしようと強調した。こうして完成したのがTR-63で、それは世界で初めて生まれたポケットに入るラジオだった。TR-63は「家庭のラジオ」から「個人のラジオ」という時代の大転換を成し遂げた商品となり、世界的な大ヒットとなったのである。

しかし他の国内エレクトロニクスメーカーも黙ってはいなかった。一年半から二年後には、トランジスタラジオの製造、販売を開始し、その結果、日本は世界最大のトランジスタ生産国となった。しかしそれと同時に、乱売、価格競争が始まり、値段は下落した。それをおおいに井深は嘆いた。

新しいマーケットを開拓する努力をせず、他人の築いたマーケットにわり込み、ただ値段をくずすだけしか能がないという典型的日本商法をいやというほど知らされた。(18)

井深は競争を否定していたわけではない。むしろ、競争があるからこそ、企業には緊張感が生まれ、変革が促進される。競争によって市場も大きくなる。だから競争は大歓迎だった。彼が否定したのは、他者の真似をした、いわば「同質化競争」だった。

実は当時、日本において面白い議論が起こった。「ソニー・モルモット論争」である。これは、一九五八（昭和三三）年に『週刊朝日』八月一七日号に掲載された、大宅壮一の「ソニーはモルモットだ」という記事に端を発している。そこには次のように書かれていた。

トランジスタでは、ソニーがトップメーカーであったが、現在ではここでもT社がトップに立ち、生産高はソニーの二倍半近くに達している。何のことはない、ソニーはT社のためにモルモット的役割を果たしたことになる。

この記事に当時のソニーは「誠に腹にすえかねる」とおおいに反発したが、井深の反応は少し違っていた。

私どもの電子業界では、やはり常に新しいことを、どう仕事にしていくかということが、一つの大きな仕事であり、常に変化していくものを追いかけていくというのは、当たり前のことであります。決まった仕事を、決まったようにやるということは、時代遅れであるということを考えなければならないのを、日本全体が忘れているんではないか。（中略）このトランジスタというものの使い方というのは、まだまだわれわれの生活のまわりに使われる、新しいものがたくさん残っているんじゃないか。それを一つひとつ開拓して、商品にしていくのが、モルモット精神だとすると、「モルモット精神もまた良きかな」と言わざるをえないのではないかと思います。[19]

井深の言葉で明らかなように、同質化競争に固執するライバルメーカーに対するソニーの戦略は、イノベーションを続けることだった。次々とトランジスタラジオで新しい商品を送り出し、価格競争にはまることなく競合を振り払った。そしてトランジスタラジオにおけるイノベーションのあくなき挑戦は、ソニーを新たな競争優位のフロンティアに立たせることにもなった。それがトランジスタテレビの世界だった。

3　トリニトロン・カラーテレビ

ソニー、最大のイノベーション

トランジスタラジオでの成功は井深に貴重な「実践知」、すなわち実践で得た高質な知を与えた。それは「やる気になったらなんでもできる」という実践知だった。

このむずかしいトランジスタでもできたのだ、やる気になったらどんなことでもできるという、(中略) 難しいものにぶつかっていって、これを切り開いていくという意欲が、会社の中に非常にみなぎって、私がやりたいと思うことを非常に助けて、実現させてくれたわけです。[20]

井深のこの実践知は、トリニトロン・カラーテレビの開発でもフルに活かされた。一九六八(昭和四三)年にソニーが発売したトリニトロン・カラーテレビは画期的な明るさ、解像度で、全世界を驚かせた。それは、井深が現役だった頃のソニーの一大イノベーションだった。一九七三年、映画のアカデミー賞と並んでテレビ界での最高の栄誉であるエミー賞を、ソニーはトリニトロン・カラーテレビで受賞した。それは、現在に至るまで、日本企業が世界から得た最高の評価と言っても過言ではない。しかし、成功に至るまでの道のりは、テープレコーダー、トランジスタラジオの時とは比べものにならないくらい、極めて厳しかった。

会社存亡の危機

日本でカラーテレビの放送が行われたのは一九六〇(昭和三五)年。翌年からソニーはカラーテレビの開発をスタートさせた。井深はトリニトロン・カラーテレビの開発で、最初から最後までプロジェクト・リーダーを務めた。
カラーテレビで世界をリードしていたのは、アメリカのメーカーRCAが開発したシャドーマスク方式だった。すでに一九四九年に開発されていたこの方式は、世界標準になっていた。しかし井深はシャドーマスク方式を採用する気はさらさらなかった。初期のシャドーマスク方式は画面の輝度が低く、部屋のカーテンを閉めないときれいに色が出なかったのである。井深は開発スタッフを集めた会議で、「人々が夕飯を食べながら見られる明るいカラーテレビを作ろうじゃないか」と開発のターゲットをわかりやすく説明したのだった。[21]
一九六一年、アメリカを訪れていた盛田と、テープレコーダーの開発でも活躍した木原は、展示会で「クロマトロン」方式というテレビに出会った。電子銃を一本しか使わないクロマトロン方式のテレビは、赤、青、緑の三本の電子銃を使うシャドーマスク方式のテレビよりも五倍から六倍も明るかった。カラーテレビでは、赤、青、緑の三原色からなる電子ビームを電子銃から打ち出して、スクリーン上に細かく塗った三原色の蛍光体にそれぞれ当て、発色させる。木原からの報告を受けた井深も、「クロマトロン」方式テレビを見てその明るさに納得した。「人々が夕飯を食べながら見られる明るいカラーテレビを作ろうじゃないか」という彼のビジョンを実現する可能性を、「クロマトロン」方式に井深は見出した。そこで技術特許を持っていたパラマウント社と同年一二月に技術導入契約を結び、ソニーはクロマトロン方式のカラーテレビの開発を開始した。

しかしそれが苦労の始まりだった。原理的にクロマトロン方式はシャドーマスク方式より画面の明るさの点で優れていたのだが、実用化が難しかった。それが当時、シャドーマスク方式が主流となっていた理由だった。開発の難しさから「苦労マトロン」と揶揄されて呼ばれはしたものの、なんとか商品化に辿り着き、一九六四（昭和三九）年九月にソニーは一九型クロマトロンテレビを発表した。しかし、生産歩留まりが悪かったので、なんとか市場にリリースできたのは一九六五年五月だった。しかも商品化されても、技術上の難易度の高さのために生産性はいちじるしく低かった。一九型クロマトロンテレビの市場価格は一九万八〇〇〇円だったが、工場価格は四五万円から五〇万円だったという。つまりつくればつくるほど、売れれば売れるほど、赤字が膨らんだわけである。結局、クロマトロンテレビは一万三〇〇〇台で生産を打ち切られた。売れたのも、トランジスタラジオとは全く対照的に、国内だけだった。

クロマトロン方式の開発は大失敗に終わった。一時は、井深が社長を辞任するらしいという噂も流れた。多額の投資をしたにもかかわらず開発が大失敗に終わってしまったために、社長として責任を取らざるをえないと考えられたのである。ソニーの財務状況は悪化し、社内には暗い雰囲気が漂った。テープレコーダー、トランジスタラジオと「むちゃな計画」を強い目的意識でリードしてきた井深だったが、この時はさすがに経営者として大きな危機に直面していたのである。

ところで、当時、井深は三〇年間連れ添った妻の勢喜子との離婚が成立し、淑子と再婚しており、プライベートでも激変の時だった。淑子は井深の遠縁だった。井深の祖父の再婚相手となったのが淑子の祖母だった。クロマトロンの開発で非常に厳しい局面に立たされていた井深にとって、新しい妻との生活が心に安らぎを与えた。「幼い時から一人っ子で育ったせいか、家庭のぬくもり、家庭の温かさに心惹かれていた私は、外でそれこそ心身ともにぐったりするまで働いてきて、機嫌斜めで家に戻っても、彼女にはスーッと受け入れられてしまう」と井深は記している。[22] 新しい家庭が彼のエネルギーになったのだろうか。

人間井深の生き方をかけたトリニトロン

井深は社長みずからプロジェクト・リーダーとして陣頭指揮に立った。みずからの進退をかけた決死の行動である。クロマトロンに失敗したからといって、シャドーマスクを採用するという選択肢は井深にはなかった。ソニーにしかできないことをソニーがやらなくなったら、それはソニーの終わりにほかならなかったからである。一九六六(昭和四一)年、GEがポルタカラーという新しいカラーテレビの方式を開発したことをソニーは知った。シャドーマスク方式では正三角形の頂点の位置に配置していた三本の電子銃を、水平に並べていた点がポルタカラー方式では新しかった。構造が簡単だったし、回路もつくりやすかった。ただし水平にする問題点は、ブラウン管の大型には適さないということだった。そこで開発チームのエンジニアは、一本の電子銃で赤、青、緑の三原色の電子ビームを出すという、従来の常識を否定するアイデアを思いついた。あまり期待せずに実験してみたところ、結果は思いのほか、よかった。井深も結果をみて「これは筋がいい」と直観し、クロマトロンに代わる新方式の開発がその場で決定された。それは技術的に精緻な知識、つまり形式知にもとづく決断ではなかった。井深の直観、つまり暗黙知にもとづく判断だった。

単電子三電子銃を特徴とするトリニトロンの試作機は一九六七年一〇月に完成した。電源を入れると、美しい色、明るい画面に魅了され、誰一人として一言も発せず、ただひたすらに画面を見つめていた。井深は、「皆さんご苦労さんでした」と言ったきり、感動のために言葉が続かなかった。井深は、こうして、みずからの経営者としての進退をかけたプロジェクトで苦心の末に生まれたテレビを「トリニトロン」と名づけた。それはキリスト教のトリニティ（神、子、聖霊の三位一体）とエレクトロンの合成語であった。クリスチャンとしての自分のアイデンティティを、井深は新しいソニーのテレビの名前に埋め込んでいた。井深は自分の人生をこのプロジェクトにかけていたのである。後に井深は、「直観」にもとづく判断は、失敗も伴う。しかし失敗があったからこそ、トリニトロンの成功がもたらされたのだ、と振り返っている[23]。

一九六八（昭和四三）年四月、オープンして間もないソニービルでトリニトロン・カラーテレビの発表会が行われた。プレス公開用に一〇台のサンプルが用意された。まだ量産化の目処もたっていなかったにもかかわらず、井深は一〇月に販売すると発言した。それは爆弾発言だった。商品の販売時期について何も知らされていなかった生産現場の驚きは大きかった。技術が確立されても、それを歩留まりよく量産化するには、乗り越えないといけない壁がたくさんあったからである。一〇月に販売すると発言した時に、井深に綿密な計画があったわけではない。「計画を作るとそれに縛られてしまい、創意工夫がなされない。仮にうまくいっても、計画より早くはならない」[24]という考えを持っていた井深にとって、そもそも計画は無用だった。彼には達成すべき目標があり、あとはそれを人々の成長を通じて実現することだけだった。トリニトロン・カラーテレビの開発、製造にかかわった吉田進は、次のように井深との思い出を回想している。

ともかく井深さんは、学校で教える方法論を口にされたことは一度もありませんでした。一見不可能に見えるけれど、創意工夫を積み重ね、努力すれば必ずできるものだということを私たちに体験を通して会得させ、自信を持たせる指導でした。同時に、人間の成長が図られることも教えられました。[25]

トリニトロン・カラーテレビ「KV-1310」は井深が約束した通り、一九六八（昭和四三）年一〇月に発売された。値段は一一万八〇〇〇円。初期出荷は五〇〇〇台だったが、一年で一七万台を販売する大ヒットとなった。その二年半後の一九七一年六月、六三歳の井深は社長の座を盛田にバトンタッチし、みずからは代表取締役会長に就任した。さらに一九七六年一月には取締役名誉会長に就任し、徐々にソニーの経営の第一線からは退いていった。それは、トリニト

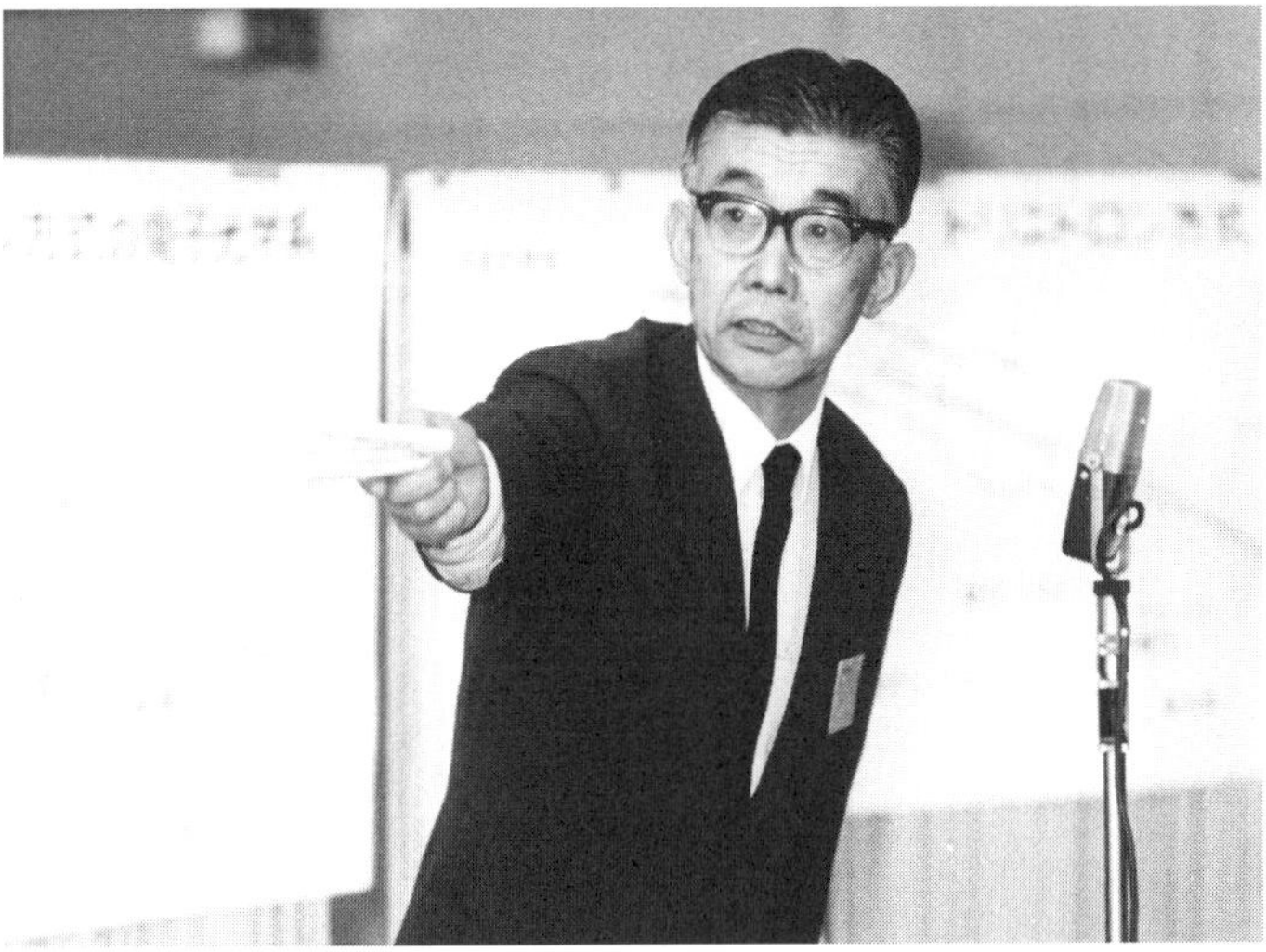

トリニトロン・カラーテレビの発表会場で　1968年　60歳

トリニトロン・カラーテレビ発売前の社内公開の模様　1968年

ロン・カラーテレビの開発が井深にとってソニーにおけるイノベーションへの挑戦の集大成であったことを示唆している。自分の大きな使命は終わった。次の世代にバトンタッチをしよう。そんな思いを井深は持っていたのかもしれない。

世界のテレビメーカーの中で、ソニーが独自方式のカラーテレビをつくったことは、彼の生涯の誇りだった。

4　その後の井深

ウォークマン

一九七〇年代半ば以降、井深は徐々に経営の最前線からは退いていったが、ソニーに対する影響力は大きかった。その影響はファウンダーとしての精神的支柱というものにとどまらず、製品開発にも影響を及ぼした。その象徴がウォークマンの開発だった(26)。

一九七八年、取締役名誉会長に就任していた井深が携帯用ステレオ・テープレコーダーと標準サイズのヘッドフォンを抱えて盛田の部屋を訪れた。他人の邪魔をせずに音楽を聴きたいのだけれど、一日中、ステレオの前に座っているわけにもいかない、だからこうして携帯用ステレオ・テープレコーダーとヘッドフォンを持ち歩いているが、重くてかなわない、ということだった。

このアイデアに盛田は触発された。自分の子供の様子をみて、若者が音楽なしには生活できないことを知っていた盛田は、早速、井深の願いを叶えるべく行動を起こした。彼はエンジニアを呼んで、ソニーのモノラルタイプの高性能の小型カセット・テープレコーダー「プレスマン」から録音回路とスピーカーを抜き取り、代わりにステレオのアンプを入れるよう頼んだ。しかしこのアイデアは賛同を得られなかった。録音機能のないテープレコーダーなど買う人はいないというのだった。

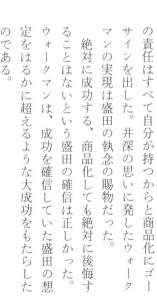

しかし盛田は諦めなかった。ヘッドフォンとともに届けられた試作機を聴いて、盛田は商品化にますます強い情熱を燃やした。彼は売れそうもないと熱意をみせない販売部門に対して、企画の責任はすべて自分が持つからと商品化にゴーサインを出した。井深の思いに発したウォークマンの実現は盛田の執念の賜物だった。

初代ウォークマン「TPS-L2」

絶対に成功する、商品化しても絶対に後悔することはないという盛田の確信は正しかった。ウォークマンは、成功を確信していた盛田の想定をはるかに超えるような大成功をもたらしたのである。

ウォークマンの開発は、こうしたものを実現したい、こういうことをしたいという井深の強い目的意識が、当時のソニーのイノベーションの原動力だったことを示す好例である。「G型」テープレコーダーも、トランジスタラジオも、トリニトロン・カラーテレビもそうだった。井深の望み、期待になんとか応えたいと、ソニーに働く人々が動き出した。その夢やアイデアなどを、まわりの人が実現してあげたくなるような、少年のような純粋な好奇心に人々が心を打たれた。[27]世界的大ヒットとなったウォークマンも、いつでも音楽を簡単に、気軽に聴きたいという井深のピュアな思いに原点があったのである。盛田も、当時どんなに市場調査をしても、ウォークマンのアイデアは出てこなかっただろうと振り返っている。

テープレコーダーの既存の技術を使いながらも、音楽を楽しむライフスタイルを変えてしまったウォークマン。「ヘッドフォンステレオ」という新しい市場を開拓したウォークマン。ウォークマンというのは全くの和製英語で、もともと盛田自身は好きではなかった。文法的にも正しくなく、アメリカとイギリスではそれぞれ「サウンド・アバウト」、「ストウ・アウェー」という商品名で発売されたが、人気が出なかった。それに対して、英語が母国語ではない国では、ウォークマンという名称は圧倒的な人気だった。盛田は商品名を世界的にウォークマンに統一することを決定した。今では世界で最も権威あるイギリスの辞書『オックスフォード・イングリッシュ・ディクショナリー』にウォークマンは記載されている。

勲一等旭日大綬章の親授式から戻り、盛田昭夫、大賀典雄にさっそく勲章を披露　1986年　78歳

一九七六（昭和五一）年に井深が六七歳で取締役名誉会長に就任以降、井深の功績を国は数々の叙勲を通じて高く評価した。一九七八年、七〇歳の時には勲一等瑞宝章、一九八六年、七八歳で勲一等旭日大綬章を授章した。一九八九年、八一歳の時には文化功労者にも選ばれた。一九九〇年六月に取締役も退いてファウンダー・名誉会長になった二年後の一九九二（平成四）年には、企業人としては初めて文化勲章を贈られた。

井深の文化勲章受章理由には、わが国最初のテープレコーダーの開発・普及、トランジスタの製造技術、そして実質的に世界最初となったトランジスタラジオの開発を例に、「模倣改良の風潮のあったわが国の電子技術を産業開拓に向けるという新しい方向を創造した」ことが挙げられていた。それはまさに、井深が東京通信工業設立趣意書に記していた、「大経営企業の大経営なるがために進み得ざる分野に、技術の進路と経営活動を期する」、「極力製品の選択に努め、技術上の困難はむしろこれを歓迎、（中略）他社の追随を絶対に許さざる境地に独自なる製品化を行う」という会社創立の目的が達成されたことを、国家が認めるものだった。それは井深個人の努力で叶ったものではなく、東京通信工業設立趣意書に記されていたように、東京通信工業、そしてソニーに集まった人々の「人的結合の緊密さ」なしには実現しえないことだった。だからこそ、井深の文化勲章を祝う会で盛田は次のように語っていたのである。

そして今日、この会場には一七〇〇人を超える方がお集まりくださいました。中には、私より先に井深さんと一緒に仕事を始められた方々、またソニーの前身である東京通信工業の創立の時から井深さんのもとで力を合わせてくださった方々の元気なお顔も見受けられ、たいへん嬉しく思います。そして、私以上に皆さんに会えたことを喜んでいるのが井深さんだと思います。井深さんの文化勲章受章は、そうした皆さん方の名誉であり、ソニー全社員の誇りでもあります。(28)

井深も、次のように誇らしげに文化勲章受章の喜びを記している。

いささか僭越ではありますけれども、このように、ソニーが全く新しい商品を世の中に送り出すことによって、新しい文化をつくり上げたと言ってもよいかと思います。また、日本の電子産業の今日のような発展と隆盛に対しても、いくらかの貢献ができたのではないかと自負している次第です。[29]

「日本再建、文化向上に対する、技術面・生産面よりの活発なる活動」という東京通信工業設立趣意書に記された会社創立の目的は達成されたとの思いが、文化勲章を受章したこの時、井深にはあった。

人間の心と能力の開発へ

一九九四（平成六）年一一月、井深はファウンダー・名誉会長から、ファウンダー・最高相談役になった。その三年前、つまり文化勲章を授与される前年の一九九一年に、今後の自分のライフワークを井深は次のように語っていた。

私は長い間、ソニーの技術開発に携わってきたが、最近の技術革新の早さは目を見張るものがあり、もう私が口を出す時代ではないなと感じている。だから、これからは、〝自分でなければやれない仕事〟をしたいと思っている。それは、人間の心や能力を開発すること――つまり〝人づくり〟だ。[30]

井深の「人づくり」への関心は、ソニー経営の最前線を退いた時に始まったものではない。そもそもすでに東京通信工業設立趣意書にも、会社創立の目的の一番最後に、「国民科学知識の実際的啓蒙活動」が挙げられていた。一九六九（昭和四四）年には「財団法人幼児開発協会」を設立、井深はみずから理事長に就任した。すでにその時から井深は、胎児から幼児、そして小中学校の児童にいたる教育研究とその実践をライフワークとしていたのである。

また幼児教育以外にも、超能力、脈を測ることですべての病理がわかるとする脈診、東洋医学など、関心の分野をどんどんといわば非西洋的、非合理的、非科学的世界に広げていき、そこに没頭した。ソニーの社内には、井深の関心を受けて、脈診研究所、超能力を研究するＥＳＰＥＲ（エスパー）研究室などが設けられた。このような非西洋的、非合理的、非科学的な世界への井深の関心は、「もうお年だから」と科学者にあるまじきものとして批判的にみられもした。[31]しかし第二部で明らかにするように、それは西洋的、合理的、科学的知の体系を批判するものではなく、それを現実の問題に対処すべく進化させようという井深の信念にもとづく新たな関心だったのである。

一九九七（平成九）年一二月一九日、井深は自宅で息を引き取った。八九歳だった。亡くなると直ちに井深は正三位に叙され、勲一等旭日桐花大綬章が贈られた。それは民間人としては最高の栄誉だった。井深の功績に対するこのような多大なる評価は、バブルの崩壊以降、長い低迷の真っ只中にあった日本企業に、井深の生き方から多くのことを学んでほしいと時の政府が願ったからだった。それでは、企業は井深の生き方に何を学ぶべきなのだろうか。それを第二部で明らかにしてみることにしよう。

（1）盛田昭夫〔二〇一二〕、『〔新版〕MADE IN JAPAN——わが体験的国際戦略』（PHP研究所）八三ページ。以下『〔新版〕MADE IN JAPAN』と表記する。
（2）テープレコーダーの開発については、井深大〔二〇一二〕、『井深大 自由闊達にして愉快なる——私の履歴書』（日経ビジネス人文庫）七〇～七三ページ、前掲『〔新版〕MADE IN JAPAN』八一～九〇ページを参照した。
（3）前掲『井深大 自由闊達にして愉快なる——私の履歴書』七一ページ、以下『自由闊達にして愉快なる』と表記する。
（4）『Family』故 井深大ファウンダー・最高相談役追悼特別号（一九九八年四月、ソニー株式会社発行）一八ページ。創立四五周年のインタビュー。原典は社内報『タイムズ』一九九一年五月七日号所収。
（5）前掲『自由闊達にして愉快なる』七二ページ。
（6）同前一九五ページ。一九八八年一〇月、トリニトロン・カラーテレビ二〇周年記念式典で。
（7）同前七五ページ。
（8）前掲『Family』故 井深大ファウンダー・最高相談役追悼特別号三四ページ。木原信敏「井深さんとの旅の思い出」。
（9）前掲『〔新版〕MADE IN JAPAN』一〇一ページ。

(10) 前掲『自由闊達にして愉快なる』七七～七八ページ。本章のトランジスタ事業化については上記ページによる。
(11) 前掲『Family』故 井深大ファウンダー・最高相談役追悼特別号一八ページ。創立四〇周年を記念して当時、会長だった盛田昭夫と対談。原典は『Family』一九八六年五月号。
(12) 同前一八ページ。創立四五周年記念のインタビュー。原典は社内報『タイムズ』一九九一年五月七日号。
(13) 井深大〔二〇一〇〕、『わが友本田宗一郎』(ごま書房新社)二九ページ。初版は一九九一年、ごま書房刊。
(14) 前掲『自由闊達にして愉快なる』八一ページ。
(15) 前掲『Family』故 井深大ファウンダー・最高相談役追悼特別号六一ページ。一九九八年一月二一日に執り行われた井深大のソニーグループ葬における江崎玲於奈の弔辞。
(16) 以下、SONYへの社名変更については、前掲『〔新版〕MADE IN JAPAN』一〇六～一〇七ページ。
(17) 前掲『自由闊達にして愉快なる』一七七～一七八ページ。一九五八年一月、社内報の座談会での発言。
(18) 同前八三ページ。
(19) 「ソニー・モルモット論争」に関しては、前掲『Family』故 井深大ファウンダー・最高相談役追悼特別号三九ページ。引用した井深の言葉はラジオ番組での言葉。原典は社内報『ソニーニュース』一九六一年二月号。なお、後に大宅壮一はソニーをモルモットと呼んだのは間違いだったと認めた。井深は一九六〇年に藍綬褒章を贈られたが、その記念にモルモット像が社員から井深にプレゼントされた。井深はこのプレゼントをおおいに気に入り、ずっと自分の机の上に置いていた(二一六ページ写真参照)。今、それはソニー博物館に展示されている。
(20) 前掲『自由闊達にして愉快なる』一八九ページ。一九七〇年六月、社内報でラジオ用トランジスタ開発の苦労を振り返った発言。
(21) 同前一一一ページ。なおトリニトロン・カラーテレビの開発については、前掲『自由闊達にして愉快なる』一〇六〜一二六ページ、森健二［二〇一六］、『ソニー 盛田昭夫──〝時代の才能〟を本気にさせたリーダー』（ダイヤモンド社）一七五〜一九八ページ、前掲『Family』故 井深大ファウンダー・最高相談役追悼特別号五一〜五二ページを参照。

（22）前掲『自由闊達にして愉快なる』一四二〜一四三ページ。原典は井深大［一九八五］、『創造への旅』（佼成出版社）一六一〜一六二ページ。

（23）前掲『わが友本田宗一郎』一二九ページ。

（24）前掲『Family』故 井深大ファウンダー・最高相談役追悼特別号三四ページ。トリニトロン・カラーテレビ開発に携わった吉田進が記した井深への思い出「トリニトロンの開発を通して教えられたこと」。

（25）同前。

（26）ウォークマンの開発に関しては、前掲『〔新版〕MADE IN JAPAN』一二〇〜一二五ページ、前掲『Family』故井深大ファウンダー・最高相談役追悼特別号五二ページ。

（27）前掲『Family』故 井深大ファウンダー・最高相談役追悼特別号二〇ページ。「井深さんのフィロソフィーをソニーの根底に脈々と流し続けよう」と題した大賀典雄の井深への追悼文。

（28）同前六三ページ。「『井深さんの文化勲章受章を祝う会』での盛田さんのスピーチ」（一九九二年一二月一八日）。

（29）前掲『自由闊達にして愉快なる』二〇〇ページ。一九九二年一一月、文化勲章受章に寄せて。

（30）同前一九九ページ。原典は一九九一年一月社内報、新春メッセージ。

（31）井深亮［一九九八］、『父 井深大──経営者として、教育者として、家庭人として』（ごま書房）一四八ページ。

第二部 論考

井深大の思想と哲学

そのイノベーションの本質

はじめに

井深は経営に関する本の執筆は頑なに拒んだ。著書も幼児教育などの教育に関する本がほとんどだ。経営の話もしなかったという。井深自身、自分は経営者としては失格で、「私も、そろばん勘定などめんどうなことは、すべて盛田君がやってくれました」と記している。[1] いわゆる経営哲学のようなものを井深は記しているわけではない。経営に関する書物も執筆していない。しかし彼が書き記したことを辿りながら井深の考え、生き方を深く吟味すると、企業家としての本質、革新を起こし続ける経営の本質をつかむことができる。彼の生き方から、経営にとって、事業創造にとって何が大切なのか、学ぶことができる。いわば彼の生き方そのものが、経営に関する指南の書だった。そしてそこから今、われわれが学ぶべきことは多いのである。

今、アナログからデジタル、人間による知識創造から人間とＡＩ（Artificial Intelligence）による知識創造へと、時代は大きく変わりつつある。井深の生きていた時代とは大きな様変わりである。それにもかかわらず、イノベーションの本質、そしてそれを担う人間の本質を追求し続けた井深の生き方、考え方を今、学ぶ意義は大きいと考える。第二部では、井深の思想の特質を探りながら、イノベーションを起こす経営に関して、あるいはそれをリードする企業人に関して、井深から今、われわれが学ぶべきことを分析してみよう。そこには、同時に、井深の死後、井深に勲一等旭日桐花大綬章が授与された時の意図とは反して、日本はこれまで井深から学ぶべきことを学んでこなかったのではないかという深い反省がある。

I　井深の思想の特質

1　技術よりも人間

人間の幸せを追い求め続ける

井深はソニーの前身、東京通信工業を戦後の廃墟の中から生み出し、それを世界を代表する企業ソニーとして育て上げた。井深は世界から評価される技術者、事業家、経営者であり、その名声は世界に広がっている。しかしそのような輝かしいキャリアとは全く対照的なプライベートな生活が井深にはあった。井深は後年、教育、さらには「気」のような非科学的な世界にも没頭した。こうした井深の中における合理性と非合理性の同居を説明できるのは、彼のプライベートな世界にあった。彼は、人間の世界は、合理性だけで説明しきれない、合理性だけでは立ち行かないということを、みずからの人生で実感していたのである。

若き日、井深は早稲田大学理工学部在学中から優秀で独創的な科学技術者として頭角を現し、天才発明家と注目されていた。早稲田大学在籍中に発明した「走るネオン」は一九三三（昭和八）年パリで開催された「万国博覧会」にも出品され、「優秀発明賞」を受賞している。特許局で天才発明家として注目され、半ばスカウトされるかたちでＰＣＬ社に入社し、優遇されて若手ながら幹部の集まる技術会議のメンバーにもなった。技術者としての井深のキャリアは実にめざましいのである。井深の生涯のパートナー盛田も、初めて出会った井深のことを「すぐれた電子技術者」と呼び、陸海軍と民間の研究者からなる軍の科学技術研究会で井深の果たした役割の大きさを強調していた。(2)

井深は誰もが認める極めて優秀な、傑出したエンジニアだったのである。しかし、井深の身近にいた人々が井深の魅力として強調するのは、技術を追求する井深の姿というよりも、むしろ人間の幸せ、人間そのものを追求する井深の姿だったのである。

井深さんのすごさは、（中略）人間の幸せを求めてやまなかったことです。
井深さんは、その夢やアイデアを周りの人が実現してあげたくなるような、最後まで少年のように純粋な好奇心を失わない方でした。（大賀典雄(3)）

井深さんにはソニーを創業された輝かしい経営者という顔と、もう一つ人間の可能性と幸せを追求した先駆的教育者という、二つの顔があったように思います。（中略）こうした軌跡を見ると、井深さんが生涯にわたって求められたものは「人間」そのものだったように思えます。（中略）あの少年のような感性、純粋さは、誰もが心酔したものです。（多湖輝(4)）

エンジニアとしてキャリアを歩み出した井深が生涯にわたって追い求めたものは技術ではなく、人間の幸せだった。彼の生きる基盤は、人間の幸せを追い求め続けることにあった。そしてまた、彼は人間の力を信じ、人間の持つ力を開花させることに尽力した。みずからの力の開花を実感する時に人間の幸せがある。井深はそう考えた。ソニー・スピリットの根幹にも、人間の持つ力を最大に活かすという思想があった。だからこそ、東京通信工業の人材マネジメントの原則には、実力主義と並んで「人格主義」が定められていたのである。

めいめいが、自分の力をぎりぎりまで問いつめ、鍛え上げ、前進していく。同時にそれが、たくみにより合わされ、編みあげられていく。

開拓者ソニーは、限りなく人を生かし、人を信じ、その能力をたえず開拓して前進していくことを、ただひとつの生命としているのである。(5)

井深は人間の心や能力を開発すること、つまり「人づくり」こそ「自分でなければやれない仕事」と記していた。(6)井深にとって「人づくり」とは「当たり前の人間を育てる」ことであり、それこそ教育の本質だった。その原点には、一人で自分を育ててくれた母親の努力、そして井深思いの先輩諸氏との出会いを通じて、自分が成長したという実感があった。

教育へのコミットメント

人を信じ、その能力をたえず開拓して前進していくことこそが本質と考えた井深は、とりわけ、ソニーの第一線を退いてから、教育問題に深くかかわった。しかしすでに東京通信工業設立趣意書に、会社創立の目的の一番最後に、「国民科学知識の実際的啓蒙活動」が挙げられていたのである。彼の教育へのコミットメントは、第一線を退いて時間的余裕ができたから行われたというような簡単なものではない。それは彼のライフワークだった。

東京通信工業創立の目的に沿って、ソニーの利益がまだそれほどない頃から、ソニーは収益の一部を、理科教育において優れた教育を目指している小学校を支援する「ソニー小学校理科教育振興資金」(現「ソニー子ども科学教育プログラム」、小学校及び中学校対象)や、「幼児開発」などに使っていた。友人として四〇年以上の交流を持った本田宗一郎に誘われて始めたボーイスカウト運動に熱心だったのも、それが人材教育の一環になると考えてのことだった。

ソニーでは、毎年、小学校に入学する社員の子供たちにランドセルがプレゼントされる。一九五九(昭和三四)年に開始されたこのランドセル贈呈は、復興が進んだとはいえ、庶民の生活はまだ苦しかった当時、高価だったランドセルをなんとかして社員の子供に背負わせてあげたいという井深の思いから始まった。元気な間はランドセルを子供に「おめでとう」という言葉とともに、井深自身が直接手渡ししていた。それを井深は毎年、春の楽しみにしていた。[7] 一九八八年のランドセルの贈呈式で、当時、八〇歳の井深は小学校入学を控えた六歳の子供たちに、よい人間になるようにと次のようにやさしく語りかけていた。

もちろん頭が良くならないとお勉強もできないけれど、頭が良くなることよりも、もっと大切なことがあるんですよ。それは皆さん一人ひとりが良い人間になることなんです。どうぞ、このことをいつも頭に入れておいてください。[8]

教育とはよい人間を育てることだった。「学校で教えることも必要だけれども、教えるのは過去のことなんだ。ほんとに問題なのは、未来なんだな」という親友、本田の言葉に井深は、「そう。人間をつくることね」と応えていた。[9]

井深は教育でもとりわけ幼児教育に深くのめり込み、子供の才能を開花させるには早期教育が重要だと考えて、一九六九年には「財団法人幼児開発協会」を設立、みずから理事長に就任した。その二年後には『幼稚園では遅すぎる』という本も執筆し、それは国内外で大きな反響を集めた。井深は胎児から幼児、そして小中学校の児童にいたる教育研究とその実践をライフワークとしたのである。

毎年恒例のランドセル贈呈式。父母も参加して全員で記念撮影　1975年

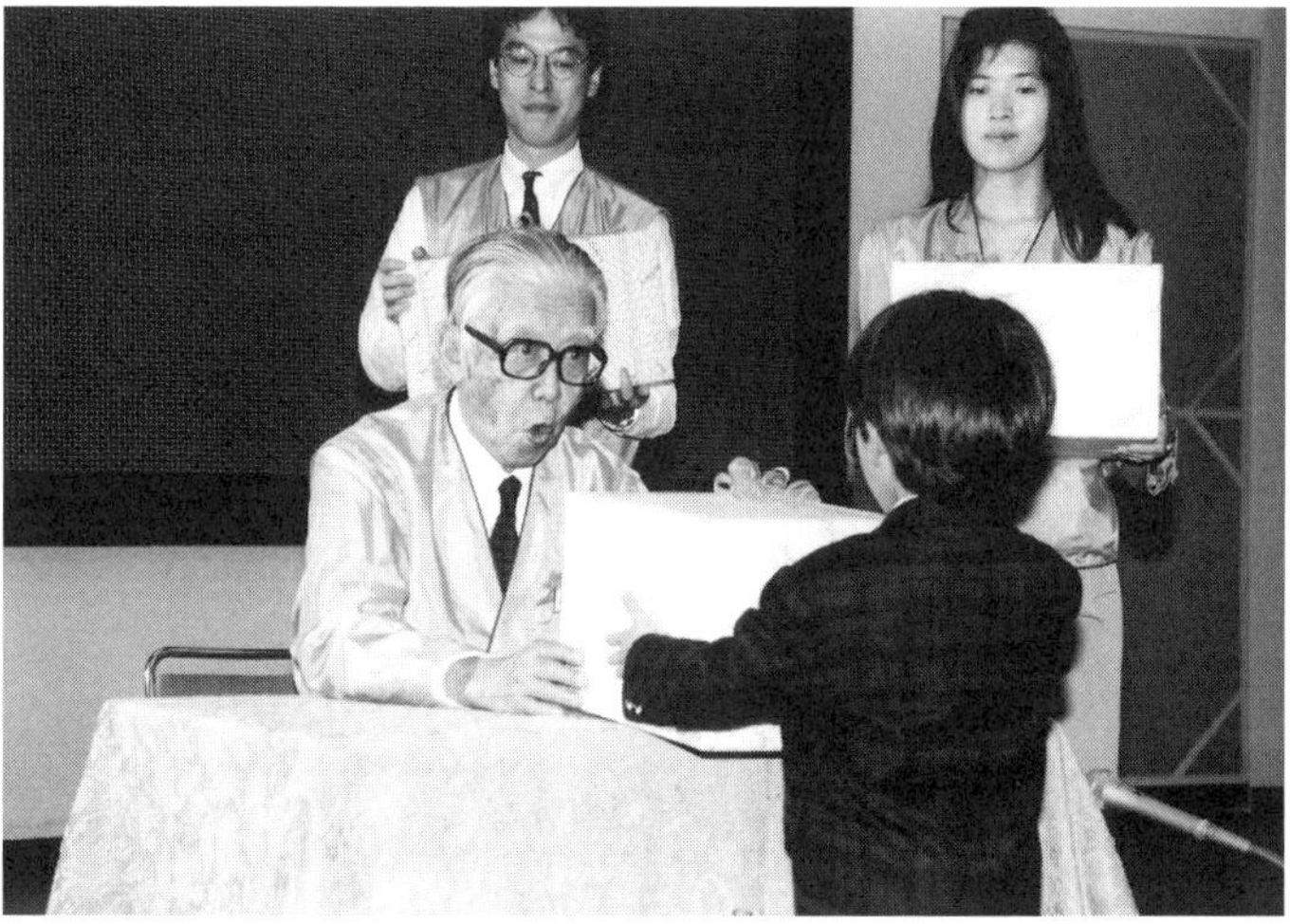

「立って渡すと肩が凝ってしょうがないので、去年からイスに座って渡すようにしたのですが、こうすると子供たちと視線が合うんですよね。一人ひとりの表情がよくわかります」（1989年談）。写真は1990年　81歳

井深の「人づくり」は、「人間の能力は〝環境〟によって作られるものだ」という強い信念に支えられていた。だからこそ、教育はできるだけ早い段階から行わないといけないと井深は考えた。このように教育の力を信じる井深は、人間の性格や能力がほとんど遺伝によって決まるという考えに強く反発した。「私は、こうした意見には果敢に立ち向かい、環境の重要性をさらに強く訴えていくつもりでいる」という強い決意を井深は表明していた[10]。井深がここでいう環境とは、受胎時、あるいはその前からの、母親の心構えであった。だからこそ、井深の提唱した幼児教育は、幼稚園では早すぎるどころか、「生まれてからでは遅すぎ」たのである。母親の行動、母親の考え、そのすべてが子供にとっての環境であり、それによって子供の成長は左右される。そのために井深が理事長を務めた幼児開発協会は、妊娠した母親を教育するマタニティサロンというクラスを開講していた。

井深がこのように幼児教育に強い関心を持ったのは、バイオリンの早期教育に取り組んでいた鈴木メソッド方式を開発した鈴木鎮一との出会いが一つのきっかけと言われている。長野県松本市にある鈴木の教室で四～五歳の子供がメンデルスゾーンのコンチェルトを演奏する様子をみて、音楽的な環境をつくれば音楽好きの子供を育てることができることを井深は確信したのである。しかし、それに加えて、井深の教育への高い関心の背景にはもう一つ、知的障害者の次女、多恵子の存在が大きかったのである。

2 「当たり前の人間をつくる」人づくり

次女・多恵子と父・井深

井深の幼児教育への関心は、次女の多恵子が知的障害者として生まれ、育ったことと無縁ではない。「父が幼児教育に関心を持ち、これからの子どもたちにこうした〝よい人間〟になることを求めたのは、やはり、次姉・多恵子のことがあったからだと思う」と井深亮は記している。[11] 親として障害ある娘のために十分な努力を払えなかった。もしかしたら、このような反省が彼を幼児教育の世界に取り組ませることになったのかもしれない。井深亮も「姉は何か気にいらないことがあると、すぐにものを投げたり騒いだりした。もっとうまく育てていればという思いが、ずっと父のなかにはあったのではないだろうか」と記していた。[12]

井深は、「人間に与えられた最大の使命は、よき後継者を後世に残すことであろう。（中略）自分が努力して、やり得るかぎりのことをして、それ以上のものになるように後継者を仕立てなければ、人間の親としての責務を果たしたとはいわれない。やはり、『幼児教育』以外にそれを果たすすべはありえない」と記している。[13] 自分は果たして「努力して、やり得るかぎりのことを」できたのだろうか、むしろ、親としての責務を十分に果たせなかったのではないだろうか。このような思いが後年、幼児教育に熱心に取り組んだ井深にはあったのだろう。

井深が教育に熱心に取り組み出すのは、つまり、幼児開発協会をつくって、幼児開発に積極的に取り組むようになったのは、後年、ソニーの事業が軌道に乗り、世界のソニーと認められるようになってからのことである。現役の時、井深は会社を軌道に乗せることに邁進しており、家庭を顧みる余裕はなかったのかもしれない。井深が娘の障害に気づいたのは、昭和一五年生まれの娘が小学校に上がるくらいの頃というから、昭和二一〜二二年の頃である。

それはちょうど、井深が東京通信工業を立ち上げたばかりの頃のことである。終戦直後の大混乱の中で、盛田の父親の説得に義父前田多門とともに夜行電車を乗り継いで愛知に行ったり、金策に走ったり、そして工場の用地を探したりと、創業準備と立ち上げで井深が大変だった頃である。日本測定器、東京通信工業の設立というように、自分に与えられた時間は限られていると考えて、戦前、終戦直後の時代を、全速力で生き続けた井深。

そのような忙しい中で娘の障害に気づいた時の井深と妻の驚きは、「あまりに大きかった[14]」という。性格の合わない妻とのあつれきの中で知った娘の障害。どれだけの衝撃を井深は受けたことだろう。娘の障害と正面から向き合わないといけない。しかし社長として会社を軌道に乗せることに邁進しないといけない。井深は当時、家庭と会社の立ち上げの間にあって、肉体的、精神的に非常に厳しい状態に置かれていたのだろう。

人間としての力強さ

会社の創業、立ち上げは並大抵のことではない。いつも仕事に没頭していた井深だったとしても、それは変わらない。終戦の混乱が落ち着いても、家族で一緒に出かける、食事を皆で楽しく食べる、ということは井深家にはあまりなかったようである。妻との不仲の関係の中で、創業期の仕事の忙しさ、そして娘の障害にどう対処したらいいのかとあちこち奔走する中で、次女の教育が思うに任せられなかったとしても、それは不思議ではない。井深亮によれば、次女の教育は紆余曲折を経たという。当時は医学も今ほどは進歩していなかったために、診断と治療法が首尾一貫しなかったのかもしれない。

幼い多恵子のために親として十分なことができなかった。それは井深だけの責任ではなかったが、このような痛切な思いが、井深を幼児教育に向かわせた。井深亮は「姉は、知恵遅れではない。ただ、きちんと受けるべきときに教育を受けていないため、ＩＱは上がっていないが、（中略）父が幼児教育に多大な関心を持ったのも、こうした紆余曲折に負い目があったからではないだろうか」と記している。(15)

しかしその一方で、井深が家庭生活で大変な事態に直面した時に書かれた東京通信工業設立趣意書には、不思議なほど希望と明るさがあった。そこに井深の人間としての力強さを感じる。彼はどんな辛い試練に直面しても、人間に、そして人間の力に決して絶望しなかった。だからこそ、家庭では非常に厳しい局面に立たされながらも、人生に絶望することなく、前向きに生きることに可能性と喜びを見出していたのである。

果たして、井深は娘に障害があると知った時の絶望感から立ち上がった。井深は忙しい合間を縫って、医者を訪ねて話を聞いたり、施設を訪ねたりした。紆余曲折を経た後、次女が小学校の中学年の頃に、井深は養護施設に娘をお願いすることを決断した。しかし、養護施設での一〇年の教育の結果は「あまりにも無惨だった」という。「名前は書ける。だがその中の一字を取り出しても読めなかった。数字は機械的に数える。だが一つの数字を取り出しても分らなかった。教育はこれでいいのだろうか。多恵子の将来はいったいどうなるのだろうか。私の胸にふとこんな疑問がかすめた[16]」と井深は記している。

娘の将来を不安に思った井深は、同じような子供を抱える親たちと協力して、障害を持った子供たちが、親が亡くなった後でも安心して生活のできる場を設けることにした。親だけによるケアの限界を井深は感じたからだった。井深はソニーのトップとして忙しい中でも障害を持つ子供を持った親たちと交流し、子供たちが仕事をして、自立して生活していけるための施設をつくった。それがソニーの厚木工場の近くに設けられた「すぎな会」で、それは今、栃木県鹿沼市の社会福祉法人「希望の家」として存続している。井深は「すぎな会」に、子供たちの生計の一助にするために、ソニーから仕事を出してもらった。ソニーの各種製品のカタログをビニールに詰めるという作業だった。一生懸命に仕事をする娘の姿をみて、井深は大きな喜びを感じたのだった。

愛あるがゆえの自立への厳しさ

井深は大分県別府市に、障害者雇用のソニー・太陽を設けることにも尽力した。別府市にあった障害者施設「太陽の家」に下請けの仕事を出してほしいという依頼を契機に、井深は別府における障害者の経済的自立のための活動にかかわりを持つことになったのである。

しかしその経緯に関しても、井深らしいエピソードがある。[17] 太陽の家を運営していた畑田和男が太陽の家に仕事をいただきたいと一九六六（昭和四一）年に井深に頼みにきた時のことである。井深は「立派な仕事をしていますね」と讃えつつも、太陽の家にソニーの下請けを受けることのできる組織力と管理能力があるかどうか畑田に尋ねた。畑田が答えに窮すると、「下請けの厳しさを知っていますか。ソニーといえども不況の時には発注を減らすこともあります。障害者に仕事をしてもらっていると、そういう状況になった時私は耐えられない」と語ったという。そして「組織と人が育ったらまた相談に来なさい」と畑田に諭したのだった。仕事を通じて障害者の自立を促す。仕事をする上で甘えは許されない。障害ある人々を温かく見守りつつ、同時に障害者に厳しく自立を求める。それこそが真に障害者に尽くすことになる。それが障害ある娘を持つ父親としての思いだったのだろう。そこに井深の深い愛情を感じるのである。組織が充実し、ソニーの仕事を太陽の家が引き受けるようになったのは、それから実に七年後のことだった。

元気な頃は、多忙な中でも年に一、二回は大分の太陽の家まで井深は足を運んだ。時には、太陽の家に会社として協力してくれることになったホンダの創業者、本田宗一郎と一緒に出かけ、

幼児開発協会の三田教室で赤ちゃんとにらめっこ　1989年

宿泊先で夜遅くまで話し込んだこともあったという。こうした障害がある人々に直接かかわる活動、あるいは支援は、「多恵子は私の生涯の十字架であると同時に、私の生涯の光である[18]」という井深の思いに支えられていた。井深の幼児教育への取り組みは、いわば彼の十字架であり、そこに彼は生きる希望、光、そしてみずからの使命をみつけていたのである。

次女の障害問題を重要な契機として井深は教育問題に深くかかわったが[19]、その際に彼を支えたのは、人間の力、人間の秘める可能性に対する絶対的な信念だった。だからこそ、誰もが人間の心や能力を開発する人づくりに励まないといけないと考えた。「『子どもには、こんなに秘められた可能性がある』ということの発見が、この二〇年で一番感動したことですね[20]」と井深は一九八九年に語っていた。彼にとって人づくりは特別のことではなく、人間の本来持つ能力を開花させること、そうすることによって人間を「当たり前の人間」として育てることだった。

人間が本来秘めている可能性を開花させることこそ教育の本質であり、教育を通じて人間がまさに人間となるというのが井深の変わらぬ信念だった。

3　東洋への関心

近代的合理主義を超える新たな知の模索

井深は後年、経営の第一線を退くと、幼児教育以外にも、超能力、脈を測ることですべての病理がわかるとする脈診、東洋医学など、関心の分野をどんどんといわば非西洋的、非合理的、非科学的世界に拡げていき、そこに没頭した。ソニーの社内には、井深の関心を受けて、脈診研究所、ＥＳＰＥＲ（エスパー研究室）などが設けられた。脈診研究所は一九八九（平成元）年に開設され（一九九三年ＥＳＰＥＲ研究所と統合されて生命情報研究所に改称）、井深自身が研究所長に就任した。設立は、「医療をやりたい」という井深の強い思いを受けてのことだった。設立当初の脈診研究所は、社員用の診療所を併設した研究所という小規模なものだった。井深自身が不整脈の自覚症状を持っていたこともあり、主に手がけていたのは、「脈」を中心とした研究だった。

しかし井深自身は、脈診以外にも「気」「鍼」「灸」「指圧」など、あらゆる東洋医学に興味を示した。その後、研究所はエム・アイ・ラボという社名に変わった。エム・アイは井深（I）と大（M）の頭文字と同じだったが、病床にあった井深は自分の名前をつけることに強く反対したという。結局、Medical Informationとも取れるということで、エム・アイに落ち着いた。[21] このような活動は、世間から厳しい評価も受けた。「もうお年だから」と言われたり、とんでもないことを言い出した、ボケたのではないかなどという声も度々上がったという。[22]

それでは、井深が非科学の世界に興味を持ったのはなぜだったのだろうか。尽きることのない好奇心、ということで説明することもできるかもしれない。年をとって考えが変化したのだと解釈することもできるかもしれない。あるいは、科学、技術、産業、そして教育、非科学の世界は、井深の中で何らかのかたちでつながっていたのかもしれない。つながっていたとするならば、このように多方面にわたった精力的な井深の活動の共通基盤は何だったのだろうか。

八〇年代後半以降のパラダイムシフト

井深が東洋医学や脈拍に注目したのとちょうど同じ頃、同じように東洋医学や脈に注目した企業があった。日本を代表する化粧品メーカー、資生堂だった。[23] 資生堂は一八七二（明治五）年日本初の洋風調剤薬局をオリジンとする世界でもユニークな化粧品メーカーであり、とりわけスキンケア商品に関しては世界的に高い評価を得ていた。その資生堂がとりわけ女性の肌のケアに関して、従来の化粧品では対応できない難しい問題に直面していたのである。

一九八〇年代の後半に入ると、自分の肌は敏感であると意識する女性が増え、アトピー性皮膚炎に苦しむ人々も増えてきた。また乾燥肌と脂性肌の混在といった矛盾する肌のトラブル（「コンプレックススキン」と呼ばれた）に苦しむ女性も増え出した。従来、肌は乾燥肌か脂性肌のどちらかに二項分類されていたから、それは従来のスキンケア商品ではうまく対応できなかった。大人になってからできるニキビに悩む女性も出てきた。精神的なストレスや肌を取り巻く環境の変化、食の問題などが複雑に絡み合い、現代特有の「難しい肌」が増加していた。自分の肌でありながら自分の意のままにならない女性はフラストレーションを高めていた。

このような女性の悩みに資生堂は、肌のトラブルに合わせて対症療法的に新製品を出すことで対応していた。そのためにブランドや製品数は年々増加し、化粧品は複雑化、細分化していった。製品の機能の違いはますます不鮮明になり、そのうえ、ブランドの改廃は消費者不在で頻繁に行われた。一方で、雑誌、テレビなどを通じて伝えられる化粧品情報は氾濫し、消費者は一種の混乱状態に置かれていた。自分の難しい肌にどの商品を選んでいいのかわからなくなった消費者は、次々にいろいろな商品を出してくる資生堂をはじめとした既存メーカーに不信感を募らせつつあった。

そのために、従来にない新しいコンセプトのもとに化粧品を開発、提供する化粧品メーカーを支持する消費者が増えていた。肌だけでなく人間の体全体を研究して化粧品を開発・提供するメーカー、無添加や自然を価値として前面に打ち出したメーカーなどによって、資生堂をはじめとする大手既存メーカーのシェアは徐々に侵食され出した。化粧品に関する従来の考え方が時代と乖離しつつあること、あるいは従来の考え方に共感できない消費者が増えつつあるのは明らかだった。

自社を取り巻く環境が厳しさを増す中、資生堂は消費者に新しい価値を提供する「新価値ブランド」の開発を開始した。それはちょうど、脈診研究所が生命情報研究所と改称された一九九三(平成五)年のことだった。開発のために推進機関としてキャビネット(内閣)が設置され、キャビネットの中核(いわば、内閣総理大臣)には当時の社長、福原義春が座った。八名からなる内閣の構成員(大臣にあたる)には各部門の部門長クラスが任命された。それは資生堂としての覚悟を示す人材配置だった。

新価値ブランドは「カオスからコスモスへ、肌と心の安住の地を求めて」が基本コンセプトと位置づけられた。混沌としたカオスの状態から肌と心を解放し、真に安住のできる化粧品＝コスモスを提供することが、新しいブランドの使命とされた。「自然」「健康」「生命」「エコロジー」に焦点を定めて進められた開発作業は難航し、「暗号解読」のような新しいブランドのキーワード探しが続けられた。こうした苦労の末にできあがったのが、「東洋風ホリスティックな視点でとらえた生命力化粧品」という新コンセプトだった。東洋の価値観を全面的に打ち出すことは、西欧、それもとりわけフランスの近代文明、西欧的手法を積極的に取り入れ、そこに日本的な要素を加味しながら次々と化粧品の分野で先駆的な開発を続けてきた資生堂にとって、パラダイムシフトを意味していた。

このようなパラダイムシフトが考えられたのは、東洋思想の持つ全体観、有機的関係論が、現代女性の悩みに応えてくれると考えられたからだった。肌は肌として単独で存在するのではなく、体、心、環境の鏡として揺れ動いている。女性の社会進出に伴うストレス、不規則な生活や睡眠不足による疲労の蓄積、さらにはオフィス環境の悪さや大気汚染・水の汚れなどの地球環境の悪化など、現代女性の肌は様々な悪影響を受けており、肌本来の健康的なバランスは崩れやすくなっていた。肌表面のモイスチャーバランスも、日や季節によって、体調によって、精神状態によって大きく揺らいでいた。したがって、「乾燥肌」「脂性肌」といった従来の画一的な、いわゆる科学的な肌質分類では、新しい肌の問題に的確に対応できなくなっていた。

増加する難しい肌に応えていくためには、東洋医学に学んで、体や心、環境まで含めたホリスティックなアプローチで肌をみつめ直し、肌本来の力やバランスを回復していくことが必要になったのである。その結果、生まれたのが、生命力に満ちた元気な肌へと導く生命化粧品AYURA（アユーラ）だった。生命化粧品とは、ホリスティックな宇宙観のもとに、人間と人間の肌をとらえ直し、生命体としての肌を元気にする生命としての化粧品という意味だった。

科学的合理主義を超えて

東洋医学と西洋医学との間にある根本的な違いとは、前者が人の体をひとつながりのものとして一体化して考えるのに対して、西洋医学は人間の体を個別の専門分野（内科、外科など）に分けて対応する点にある。また東洋医学では、自然とのかかわりの中で人間の体、心、生命をホリスティックに考える。つまり東洋医学において、すべてはつながっているのである。

それに対して、西洋医学は人間全体をとらえずに、個別対症的に病気を治そうとする。そこに、井深は強い不信感を持っていた。進みすぎた西洋医学への大きな疑問がそこにあった。優秀な技術者、科学者であったからこそ、井深は科学の合理性の限界を知っていた。井深亮も「父は、電気工学を専攻して、ずっと技術畑を歩んできた科学者である。だから、どちらかと言えば科学の持つ合理性を信じてやってきていたはずだ。しかし、科学者であったがゆえに、科学の限界を知っていたのではないだろうか」と記していた[24]。このような井深の信念を支えたのは、「科学とは人間の日常生活とかけ離れたものではなく、最も人間的なものと考えている[25]」という、人間をすべての思索の根幹に据えるという井深の哲学だった。

井深が東洋医学に関心を持った頃、社会では、普遍性、非個人性、要素還元主義、専門化、細分化を特徴とし、機械的に（つまり人間の情感を無視して）現実をとらえようとしていた近代的知のあり方が広く再検討されていた。一九八〇年代以降世界的に広がった「ポストモダン」がその動きである。井深もその影響を受けていた。彼がニュー・パラダイムという考えに注目したのは、まさにそのためだった。

4　ニュー・パラダイム――「近代の知」の限界の克服を試みる

ポストモダンと超近代の知の模索

井深に次のような発言がある。

デジタルだ、アナログだということは道具だてに過ぎない。今日明日のことをどうするかということも大切だが、ニュー・パラダイムの意味をもっと大きく考えてほしい。お客さまに満足していただく商品をこしらえることは人間の心の問題であり、モノと心が表裏一体であるという自然の姿を考慮に入れることが近代科学のパラダイムを打ち破る一番のキーだと思う。こういったパラダイムシフト、つまり人間の心を満足させることを考えていかないと、二一世紀には通用しなくなることを覚えておいていただきたい。(26)

近代科学のパラダイムを打ち破る必要性を井深は感じていた。モノと心は表裏一体なのだから、ソニーにおいてもパラダイムシフトを起こし、科学に加えて人間の心も研究しなければ、ソニーの商品はお客様に満足を与えることはできなくなってしまうという危機感が井深にはあった。近年、「モノからコトへ」というキーワードで、単に商品を提供するだけではなく、経験、感動を企業は顧客に提供しないといけないという認識が急速に広まりつつある。井深はそれを二五年前に先取りしていたことになる。

面白いエピソードがある。[27] 一九九二年にソニー社内で、「ソニーのパラダイムシフト」というテーマでマネジャークラスによる研究会が開催されたという。井深はテーマをとても気に入り、朝から楽しみにして研究会に参加したという。しかし会議の内容はパラダイムシフトとはならなかった。のちに社長・会長を歴任する出井伸之は、「でもサラリーマンが集まってパラダイムシフトを話し合っても、現状の改良改善程度のろくな議論にならないわけです。私も途中でまずいなと思いましたよ」と当時を振り返っている。出井が井深を研究会後の打ち上げに誘うと、「ちょっと来い」と井深は出井を呼びつけ、「お前はパラダイムシフトの意味が分かっているのか。言ってみろ」とさんざん叱られたという。もっと長期的な展望を持って、非連続的に「大きく考えろ。井深はそのように言いたかったのではないだろうか。

ポストモダンへの関心が高まったのは、自然環境破壊問題、心と体の健康問題など、決して要素還元的に、線形に処理することができない現実に、デカルト以来の近代的なアプローチでは必ずしも有効に対処できなくなっていたからだった。「高度にテクノロジー化された知の在り方」[28]、そのものが問い直され出した。このような議論を一言でまとめることは乱暴であるが、そのポイントは、西欧的近代合理主義に支えられた近代的知の批判的検証だった。

近代的な知とそれに支えられた近代文明は永遠に発展を遂げ、人類に進歩をもたらすものと、デカルト以来、長らく信じられていた。近代化は、社会に豊かな発展をもたらすと信じられた。客観的で普遍的な知に対する深い信奉から、社会科学でも自然科学にならって、科学的知の探求が行われた。企業活動でも市場動向を探るためにマーケットリサーチなどを通じてデータが集められ、その分析に力が注がれた。ランダム・サンプリング、サンプル数の増加などによって統計精度が高められ、客観的で普遍的な知の獲得が目指された。

しかし近代合理主義に支えられた科学的な知の探求は、必ずしも絶対的なものでなかった。最近では東日本大震災に起因する福島原子力発電所の大災害が示すように、科学的な分析の想定を超えたことが起こるのが現実なのである。そのために八〇年代以降、知のあり方が問い直され、哲学、社会学などで議論が活発に行われ始めた。しかし、歴史を振り返ってみると、このようなデカルト的知の体系への疑問は、実はずっと前に起こっていた。すでに一九三〇年代に、現象学を切り開いたフッサールが問題提起していたのである。近代合理主義にもとづく科学的な知の探求にもかかわらず、人間同士が殺し合うという第一次世界大戦が世界にさらけ出した人類の危機に直面する中で、ヨーロッパ諸学は危機に陥っているとフッサールは認識した。危機の根源は、まさに近代科学が、井深が重視した人間そのもの、人間の生活世界を中心に据えていなかったからだとフッサールは考えた。

すでにガリレイのもとで、数学的な基底を与えられた理念性の世界が、われわれの日常的な生活世界に、すなわちそれだけがただ一つ現実的な世界であり、現実の知覚によって与えられ、そのつど経験され、また経験されうる世界であるところの生活世界に、すりかえられているということは、きわめて重要なこととして注意されねばならない。(29)

「少数派」だった井深

フッサールが合理主義にもとづく近代的知のあり方に疑問を投げかけた時(一九三六年)、井深はPCL社で植村のメンターシップのもとに、優秀な若手技術者として活躍していた。一九三六(昭和一一)年といえば、井深が結婚した年でもある。これは推測だが、当時の井深はフッサールなど知らなかったであろうし、エンジニアの基本としての、要素還元主義に疑問を抱くこともなかっただろう。合理主義だけでは割り切れない人間の悲哀を、井深はその後の人生の中で実感していくことになる。

すべての意味の基底は「生活世界」に根ざすと考えたフッサールのような、合理主義にもとづく近代的知の再検討を求める議論がより本格化したのはもっとずっと後になる。それは、学生運動が象徴的に示していた、既存秩序に対する新興世代の大きな反発が社会現象として世界的な広がりを示した一九七〇年代後半、八〇年代以降のことだった。従来の科学的合理主義にもとづく近代化が、逆に環境破壊など人類に危害を及ぼす状況が生じるにいたったという事実を考えるならば、資生堂や井深が考えた生命論的アプローチは時代の必然だった。それと同時に、体のあらゆる部分がつながっていることを考えれば、精神の世界を抜きにして人間や、人間の知の体系を考えることもできなかった。古くは西田幾多郎が「行為的直観」という言葉で呼んだように、知は身体性を備えていたのである。

しかし、ポストモダンの時期にあっても、エンジニアリング、技術の世界では、近代的知の再検討を求める議論はあまり高まらなかった。要素還元主義を否定してしまえば、そもそもエンジニアリングの世界は成り立たなかったからである。井深のような考えを持つ者はエンジニアリングの世界では少数派であり、自分の考えが理解を得られないことに、井深はいらだちを隠さなかったという。(30)井深の提唱した「ニュー・パラダイム」はソニーにとってのポストモダンを意味していたが、それはこの段階では、ソニーでは受け入れられることはなかったのである。

音ではなく音楽

井深はデジタル嫌いで有名だったという。それは、年齢を重ね、古きよきアナログに執着し、時代の変化をとらえられなかったためであろうか。いや、そうではない。ニュー・パラダイムに関する議論でも明らかなように、井深のデジタル嫌いは、明治四一年生まれのアナログ時代の技術者として新しいものに抵抗した、というような単純な話ではなかったのである。

NHKからソニーに招かれて入社した中島平太郎は、井深のデジタル反対に戸迷い、どう説得するかに苦労したという。(31)井深は一九五二(昭和二七)年に設立された日本オーディオ協会の創立者の一人で、一九七九（昭和五四）年からは一三年間にわたって二代目会長を務めていた。この時期は、テープ、レコード、メディアが次々とデジタル化された時期にあたる。

しかしデジタル化の初期、井深はオーディオにデジタル技術を導入することに大きな疑問を持っていたという。中島は「デジタルを研究したい」と井深に申し出ても、「そんなことより、まず今のオーディオを儲かるようにしてくれ」と言われたという。アナログでまだやることがあるだろうというわけである。井深は中島に「君は音楽を聴かないで、音ばかり聴いているから、いいスピーカーを作れないんだ」と批判したという。それに対して中島は、「井深さん、音を聴いて分析しなくては、いいスピーカーは作れませんよ」と反論したというのである。中島は後に井深とのオーディオに関する意見の違いを、「おおげさのようだが『芸術』と『科学』の対立だったといえなくもない」と記している[32]。

中島は、デジタル化の効用を次のように井深に説明したという。

デジタルは波形をいくらいじっても悪くなりません。それどころか、矯正して元より良い波形にすることもできます。アナログで苦労してきた波形のひずみ、雑音、ワウフラッターおよびコピーによる特性の劣化から解放されるはずです[33]。

中島の説明に井深は心からは納得しなかっただろうと中島は振り返っていたが、その認識は正

世界初のトランジスタ式ビデオテープレコーダー「SV-201」を発表　1961年

ソニー本社のデザイン研究会で。商品に対する関心は衰えることがなかった　1993年　85歳

しい。なぜならば、音と音楽という用語の違いが示すように、二人の間には知識に関する本質的な考えの相違があったからである。

暗黙知と形式知

音楽に関する本質的な考えの相違を理解するためには、知識には二種類あることを確認する必要があるだろう。知識はまず暗黙知(tacit knowledge)として生まれる。われわれはみずからの体験を通じて、直観的に暗黙知として知識を生み出す。「うまく言葉に表せないのですけれど も」という言葉が日常的に交わされるように、われわれはしばしばみずからの思いを明確に語ることはできない。人間の知識には暗黙的な要素が強く、むしろ暗黙知こそ人間の知識の特質ともいえる。人間は語る以上に思うことができるのである。一方、言葉や文章などに表現された知識は形式知(explicit knowledge)と呼ばれ、暗黙知と対比される。それは暗黙知が個人の経験にもとづく主観的な知識であるのに対して、客観的でより多くの集団間で共有される知識である。両者の関係を言うならば、形式知の背景には、より豊かな暗黙知がある。

中島がデジタル化できると考えたのは、あくまでも形式知としての音だった。それらは具体的には、楽譜であり、インプットされるデータである。それに対して、井深の求めていたのは音楽だった。音楽は形式知(楽譜)と暗黙知(音楽が生まれたコンテクスト)から構成されていた。音楽家は、特定の時代環境で生きる中で作曲を行う。したがって、完成された曲には、それが生ま

図表1　われわれは語る以上に思うことができる

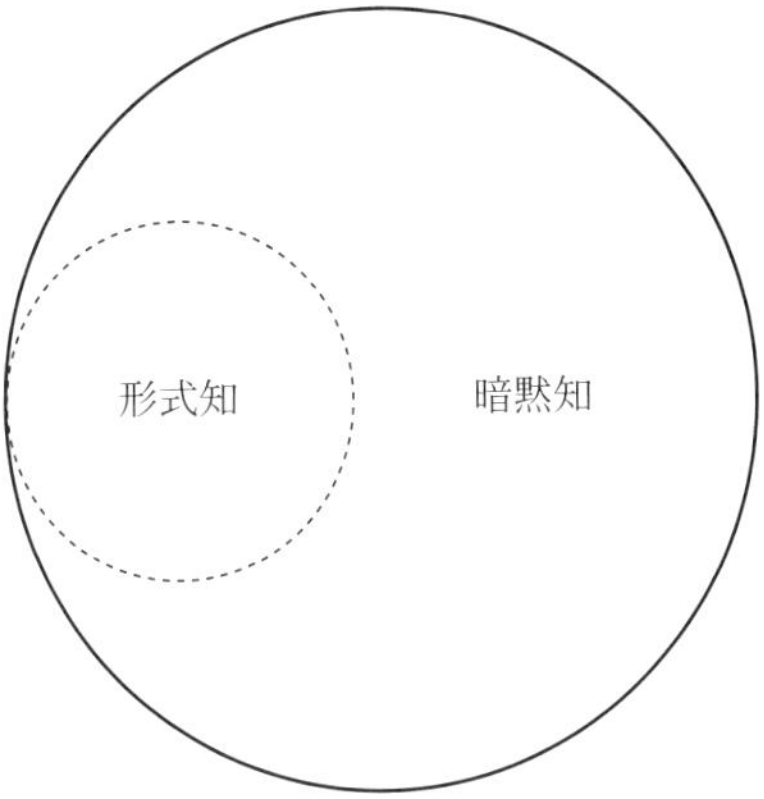

［出典］著者作成。

れた時の時代背景や、その時の作曲家の思いが込められることになる。ベートーベンの交響曲第三番『英雄』（一八〇四年）の背景には、ナポレオン・ボナパルトとその時代を生きたベートーベンの思いがあった。スメタナの『わが祖国』（一八七四～一八七九年）には、たびたび近隣の大国の支配下に置かれたチェコの苦難の歴史と、その中で民族の独立を願うスメタナの思いが込められていた。つまり、楽譜という形式知の背景には、豊かな暗黙知が存在することになる。

　演奏家がこのような暗黙知を摑んだ時、演奏家は名演奏を行うことができる。演奏家は作曲家の思いをくみ取りながら、そこにみずからの情感、想いを込めて楽器を演奏して美しい音楽が奏でられる。名演奏は作曲家の思いと演奏家の思いのシナジーの産物である。だから、名演奏は演奏家それぞれに異なるのである。また、人々が音楽を鑑賞する時も、作曲家に思いを馳せる。それを探るために、演奏される曲目を説明するプログラムがコンサートでは不可欠だ。それを読みながら、演奏される曲がどのような背景で作曲されたかを聴衆は知る。そして音楽を聴く時、聴衆自身の気持ち、生活も影響を及ぼす。このような思いのシナジーが作曲家と聴衆との間でも起こり、人々は音楽に感動する。そしてその感動のあり方も、人それぞれに異なる。

暗黙知を摑んだ時、音は音楽になる

このように、音だけではなく、曲の背景にあるコンテクストも摑むのが、音楽を鑑賞するということだった。音の背後にある暗黙知も摑んだ時、音は音楽になる。楽譜には表されない、いわば暗黙知としてのコンテクストと音楽は、切り離すことができない。そしてそれら暗黙知を、形式知であるデジタルにすべて置き換えることはできなかったのである。井深が音と音楽の違いで問題としたのはそこだった。

若い技術者は仕事に熱心なあまり、機械から出る〝音〟だけを聞いている。〝音楽〟を聞く癖をつけなければ良い機械は作れない。(34)

顧客に満足してもらえる商品をこしらえるのは人間の心、そして商品に満足するかどうかを左右するのも人間の心。それらをすべて科学的に還元することはできない。そこには人間とは何か、人間を幸せにすべき科学とはどうあるべきかという井深の深い思索があった。井深の人間中心の考え、哲学は、近代的知の限界に対する一つの回答だった。

二一世紀は精神が評価される時代だという人もいます。(中略)これからは、人間対人間の問題が今までよりも一層厳しく評価される時代になってくるような気がします。[35]

一九八九(平成元)年、八〇歳の井深がソニーの入社式で二二、二三歳の若者に対して語りかけたこの言葉には、義父前田多門が終戦後、ラジオを通じて若者に「人間を、ただ物の役に立つ器にのみ教育して、却って、明治の初年迄は存して居た精神教育の根源を没却したのであり、この弊害を是正せねばならない」と語りかけた言葉に通じるものがある。

5　シンセシス=統合

シンセシスによってイノベーションを目指す

井深が東洋医学に関心を持った時でも、井深は西洋医学を全面否定していたわけではなかった。井深は「両者をつなげることを考えていた。それも、足し算ではダメなのだ、掛け算をしなければとしきりに言っていた」という。[36] ハードとソフト、デジタルとアナログに関しても同様である。そして早くも東京通信工業設立趣意書の中で、「電気と機械のシンセシス」が謳われていた。

単に電気、機械等の形式的分類は避け、その両者を統合せるがごとき、他社の追随を絶対に許さざる境地に独自なる製品化を行う。

このようなシンセシスを重視する井深の考えは、終生、変わることがなかった。

もしも、われわれの考えがハード一辺倒なら、明るい将来は望めないであろう。ソフトをできるだけ深く開拓することにより、世界中に入り込むことができる。[37]

デジタルだ、アナログだということは道具だてに過ぎない。[38]

井深は東洋医学、西洋医学、デジタル、アナログ、ハード、ソフトと二項対立的に問題提議しても、決して一方を否定しようとすることはなかった。一方の否定ではなく、両者の統合（シンセシス）を図ろうとしていたのである。「The Best of Two Worlds」（相対立する二つの世界の統合）の実現である。

シンセシスとはいわば掛け算を意味し、相対立する二つの概念を、一方を否定することなく統合し、それぞれのよさを活かしながら一＋一を超えたシナジーを実現することを意味している。例えばデジタル化の問題に、そうした井深の姿勢を見出すことができる。すでに記したように、井深は音でなく音楽を求めていただけに、音楽のデジタル化を急ぐ中島をたしなめた。しかし、井深はデジタル化の試みそのものを否定していたわけではない。中島がコンパクトディスクを商品化し、第一号機を井深の部屋に持参すると、井深はわがことのように喜んだという。井深は「おめでとう。ありがとう。確かに良い音だ…しかしなあ、中島さん…」「これで良いと思うが、アナログも捨てたものではないと思うよ」と語ったという(39)。

シンセシス、シナジーの追求は、思想にとどまらず、井深の人間関係の特徴でもある。井深亮によれば、井深は「自分の身を律していくという点では、頑固なまでに自分の決めた基準を守ろうとしたが、それを人に強要するということはなかった」という(40)。個々人の個性を受け入れる器量が井深にはあった。そしてそれが井深と盛田をはじめ他者との間にシナジーを生み、井深個人ではできなかったような成果が生み出された。

盛田との関係がそうである。井深と盛田との間には技術（しかも二人とも優秀な技術者だった）という共通基盤があったが、年齢差とは異なる違いが二人の間にはあった。井深は、自分は経営者としては全く失格で、「そろばん勘定などめんどうなことは、すべて盛田君がやってくれました。自分の夢を実現することだけを考えて、一生懸命やっていればいい。そういう状態をつくってくれる人たちに恵まれていた」と記している。[41] 一方、盛田にとって、井深大はまさに放っておけない人だったようだ。「放っておくと、不器用な井深は何をするかわからない、夢は大きく、魅力的なのだが、危なっかしくて見ていられないと世話をしてやりたくなるというわけである。父のほうもそれに甘えていた面がたぶんにある。わざとらしくなく、周囲のものに頼り、何かまかせてしまう、それも、相手に不快な思いをさせることなくやってしまうという父の才能は天性のものだった」と井深亮は記している。[42] 井深と盛田の関係はまさに相互補完的。それはクリエーターとイネーブラー、あるいはイノベーターとマーケッター、そして理想を追求するビジョナリーとそれを形にするイネーブラーともいえた。しかし、これらの組み合わせすべてを網羅しても、とても及ばないような豊かな世界が二人によって築かれた。一方だけではそのような豊かな世界を築くことはできなかった。だから、井深だけでは東京通信工業もソニーもなりたたなかったし、盛田だけでも東京通信工業もソニーもなりたたなかった。

本田宗一郎との交流

同じようなシナジーを生み出す人間関係を、井深と本田宗一郎との間にも見出すことができた。井深が本田のことを初めて知ったのは一九五〇（昭和二五）年のこと。排気量五〇CCのエンジンを地方の小さな会社が流れ作業で量産という記事を雑誌で読んだのが、井深が本田を初め

本田宗一郎とともに、ボーイスカウトのキャンプで　1977年　69歳

好きなカメラコレクション（ライカ、ローライ、ポラロイドSX-70、ゼンザブロニカなど）に囲まれて　1975年　67歳

て知った契機だった。井深は「なかなか元気のある奴がいるものだと、私も本田さんの名まえを記憶に刻みこんだ」という(43)。当時の井深は東京通信工業で四苦八苦していた頃で、同じように小さな会社がエンジンを量産するという記事を読んで、おおいに刺激を受けたことだろう。それから井深と本田の四〇年間にわたる交流が始まった。

井深は二歳年上の本田を、一人っ子の自分にとって頼りになるかけがえのない兄貴、尊敬してやまない先輩、なんでも言い合える仲、またとない友、と親愛の念を込めて呼んでいた。しかし二人は井深自身が認めているように、性格的には全く正反対だった。井深は無口でシャイで照れ屋、愛想がよくなく、お酒も飲まない敬虔なクリスチャン。とはいっても堅物というわけではなく、ダジャレが大好きで、自分は飲まなくても、酒宴でも楽しんでいたという。それに対して本田は徹頭徹尾して「ネアカ」、お酒を飲んでは冗談を言いまくり、それを井深は黙って聞いているというおかしな組み合わせだった。このように大きく異なる二人でありながら、二人の間には四〇年にもわたる精神的に密な交流があったのである。

二人の間に仕事の関係はいっさいなかった。二人の間には、お互いに相手の会社や仕事に口を出さないという不文律があったという。二人の間には、もう一つ大事な約束があった。それは、世の中のパブリックサービスに関しては、お互いに頼まれたことは決して断らないという約束だった。そのために、二人の交流は、仕事ではなくパブリックサービスを通じて行われた。約束に沿って、本田はソニーが始めた理科教育振興資金の役員や幼児開発協会の理事を務め、太陽の家にも本田の熊本工場から仕事を出した。井深は本田の求めに応じてボーイスカウト日本連盟理事長を務めた。二人が行なったパブリックサービスの共通点は、人間が本来持つ可能性を切り開く「人づくり」を行なうパブリックサービスということだった。

性格的に大きく異なる二人の間で長い交流が続いたのは、同時に二人の間に様々な共通点があったからである。二人とも好奇心が強く、新しいものが出るとすぐ飛びついた。仕事では自分勝手で、わがまま、唯我独尊。しかしそれ以上に、彼らの間にはフィロソフィー、生き方に共通性があった。井深は本田との間に「やはりそれぞれが目指すところというか、ちょっと大げさにいえば、その哲学・考え方に大きく共通するところ(44)」をみつけていたのである。

大いなる違いの中での共通基盤

実際、本田と井深の間には哲学、生き方に関して共通点が多々あった(45)。井深が「自由闊達にして愉快なる理想工場の建設」を目指していたように、本田は三つの喜び、つまり、買う喜び、売る喜び、つくる喜び、に満ちた会社づくりを目指していた。ただしそれは本田一人の思いで叶うものではなく、新入社員を含めてホンダで働くすべての人が、「人間性」と「科学性」を両輪にした議論を行い、ホンダを各人にとって働きがいある会社にすべく主体的に働かなければならないと本田は社員に強く訴えた。このような本田の思いは、ちょうど井深が、東京通信工業に集う人々が「人格的に結合し、堅き協同精神」を持って働くことを求めていたのと同じだった。本田は「よその会社より働きがいのある会社にしようと私も努力している。しかし私だけではどうにもならない」という切実なる訴えを社員に行なっていたのである。

会社をよくしようと働いてくれるならば、社員間に年齢の問題は全く関係ない。この点でも本田と井深は意見を同じくしていた。学歴無用論の提唱者として有名な本田は新入社員に対して、「自由な発言をしてもらいたい。皆さんの自由な発言を妨げる者はいない。皆さんが主張しなかったら、新しく皆さんを新たにホンダに入れる意味はない。会社を新しい時代の波に漕ぎ出すところのエネルギーは皆さんです」と訴えていた。ただしその際にも勝手気ままに発言してよいわけではなく、発言の中に高い「道義心」を養うよう本田は求めていた。議論は「尊敬と正しい意見」、この交差のもとに行わなければいけなかったのである。

またホンダのマネジメントにおいて、本田が最も大事にしていたのが信頼だった。それは個性の違う人々を一つの目的のために結集する鍵だった。言葉に現れない信頼は、他者に対する美辞麗句の言葉よりもはるかに大事だった。だからこそ本田は、みずからの行動を通じて信頼を培うことをホンダの社員に求めていたのである。

またアイデアの創造に関しても、本田が大事にしたのは夢だった。ホンダのイノベーションにおける推進力は夢だった。Power of Dreamsこそ、ホンダの進化の推進力だった。モーターバイクの製造会社としてスタートしたホンダが、自動車開発製造、ジェット航空機の開発製造、さらには来たる超高齢化社会において人間のモビリティー（移動）を助ける人型ロボット「アシモ」

の開発、製造を目指すのも、「Fun and Excitement of Mobility」に関する夢の実現を目指してホンダが進化し続けているからである。本田自身はもちろん夢を大切にしていた。世間から「ホラ吹き」と呼ばれることを何ら恥じることなく、大きな夢を語り続けた。困難に直面した時でも本田が頼りとしていたのは、創意工夫というよりも「苦し紛れの知恵」だった。現場で問題にぶつかる中で、問題解決を図る方法は、理路整然とした分析ではなく、困難にぶつかってもなんとか突破口をみつけようとする執念だった。

生き方、哲学における共通点

そうしてこうした本田宗一郎の思想の根底にあるのが、井深と同じように人間の考える力への絶大なる信頼だった。「買ったものはあくまでも買ったもの。どんなに苦労してもいい。みんなで本当に自分で考え出したものこそ尊い。みんなの頭脳、みんなの腕を信じる」と本田は社員に語っていた。ただしその際にも、「所詮、技術というものは人間に奉仕する一つの手段である」ことを忘れてはいけなかった。「技術は万能ではない」からこそ、「人間というものを、他人というものを置いて、そこに技術を置いて人に喜んでもらう」ことを考えねばならなかったのである。

井深が東京通信工業で目指していたのと同じように、本田は「人間形成という一つの手段があって、心身共に健康になることを目的とした」人間主体の経営の実現をホンダで目指していたのである。だからこそ、本田は哲学を経営における意思判断の基準として大事にしていた。

理念なき行動は凶器であり、行動なき理念は無価値である。Action (technology) without philosophy is a lethal weapon. Philosophy without action (technology) is worthless. (Honda Philosophy)

そしてこのような考えは井深、本田と並ぶ革新者である、スティーブ・ジョブズが語った言葉とほぼ同じことを意味しているのである。

It's in Apple's DNA that technology alone is not enough. It's technology married with liberal arts, married with humanities that yields us the results that makes our hearts sing. (Steve Jobs)[46]
(技術だけでは不十分だというのがアップルのDNAだ。技術がリベラルアーツ、人間性と一体となっているから、われわれの心は高鳴るのだ)。

シンセシスとは、異なるものを拒絶しないということを意味していた。井深も、本田も、違いがあるからといって他者を否定することなく、違いを理解し、受け入れた。ただし、相対立する概念のシナジーは無条件的なシナジーではなかった。共通の思想的な基盤を前提としてのシナジーだった。本田と井深の間には、いろいろな違いがあったにもかかわらず生き方、哲学に関して共通の基盤があった。そして井深と本田の起業から三〇年以上を経てマッキントッシュ、さらにはiPhoneやiPadによってイノベーションに挑戦したスティーブ・ジョブズと、井深と本田の間にも哲学に関して共通点があった。

哲学、すなわちリベラルアーツはイギリスでtransferable skillsとも呼ばれるが、まさにそれは自分の知識を、時代の変化や異なる局面において展開する力である。ギリシア、ローマ時代に由来する教養とは、独立した人格の持ち主としての自由人が学ぶべき学問であり、人を自由にする学問である。

人間を幸福にするイノベーションをともに目指した井深、本田、そしてスティーブ・ジョブズがリベラルアーツを重視したのも、そのためだった。

対立する概念、自分とは異なる価値観があっても、それを一方的に退けることなく認める。弁証法的に両者のシナジーを活かして高め合う。それが井深の思想の特質だったし、また本田の特質でもあった。そうすることによって、個々人の人間としての成長が実現した。関係を通じて、他者への関心、愛情を通じて人間の成長が実現する。そしてそれは、「当たり前の人間」になるということだった。人間として「当たり前」とは何を意味するのか。それは独立した個としての自覚を持つがゆえに、同じように独立した個としての他者を認めるということを意味している。

このように、違いを超えて他者を受け入れるという姿勢は、世界が様々に分裂しつつある今日、われわれは改めて大切にしないといけないのではないだろうか。

　メカナイズされたり、ハイテク化すればするほど、人間と人間の関係が非常に重要になり、人を受け入れられ、人と本当にうまくやっていける人間が必要になってくるんですね。（中略）二一世紀になったら人間とか愛情とかいうものがますます重要なファクターになってくると思うので、自分自身に磨きをかけ、人との関係を大切にするよう心がけていく必要があるだろうと思いますね。(47)

井深はそう語っている。

（1）井深大［二〇一〇］、『わが友 本田宗一郎』（ごま書房新社）三二ページ。なお初版は一九九一年、ごま書房刊。
（2）盛田昭夫［二〇一二］、『〔新版〕MADE IN JAPAN――わが体験的国際戦略』（PHP研究所）五三〜五四ページ。
（3）『Family』故 井深大ファウンダー・最高相談役追悼特別号（一九九八年四月、ソニー株式会社発行）二〇ページ。
（4）同前三〇ページ。
（5）同前二ページ。一九七〇年代のソニーの会社案内、「This is SONY」に記されていたという。
（6）同前六四ページ。原典は井深大「お母さんの努力と自覚が〝人づくり〟の原点」『Family』一九九一年一月号。

（7）二〇〇九年より、「想い出が詰まったランドセルを捨てることができない」「世の中の役に立ちたい」というソニー社員の声により、途上国の教育支援・社会貢献の一環として、「Re-ランドセルプロジェクト」が開始されている。国際NGO：ジョイセフの協力により、青空教室でランドセルのニーズがあるアフガニスタンの子供たちに届けられた。
http://www.sony.co.jp/SonyInfo/csr/ForTheNextGeneration/ransel/

（8）前掲『Family』故 井深大ファウンダー・最高相談役追悼特別号一八ページ。原典は『Family』一九八九年三月号。

（9）前掲『わが友本田宗一郎』一〇〇ページ。

（10）前掲『Family』故井深大ファウンダー・最高相談役追悼特別号六四ページ。

（11）井深亮によれば、姉は当時、知恵遅れと診断されたが、今日の医学知識にもとづけば、自閉症だったのではないかと考えている。井深亮［一九九八］、『父 井深大――経営者として、教育者として、家庭人として』（ごま書房）二四ページ。

（12）同前。

（13）前掲『Family』故 井深大ファウンダー・最高相談役追悼特別号一九ページ。原典は雑誌『幼児開発』に毎号、井深が寄せた「今月のことば」一九八五年八月号。

（14）原典は井深大の『婦人公論』一九六二年一二月号への寄稿。本書では前掲『父 井深大』二九～三七ページ所収の二九ページより。

（15）前掲『父 井深大』二七～二八ページ。

（16）原典は井深大の『婦人公論』一九六二年一二月号への寄稿。本書では前掲『父 井深大』二九～三七ページ所収の三〇ページより。

（17）前掲『Family』故 井深大ファウンダー・最高相談役追悼特別号二六ページ。畑田和男の井深を偲ぶ言葉。

（18）原典は井深大の『婦人公論』一九六二年一二月号への寄稿。本書では前掲『父 井深大』二九〜三七ページ所収の三七ページより。

（19）一九七〇年代以降世界的に学生運動が盛んになり、一部には暴力的な大学紛争で暴れる学生の姿から日本の教育に大きな疑問を抱いたことも、井深の教育問題への関心を高めた。前掲『わが友 本田宗一郎』一〇五ページ。

（20）井深大［二〇一二］、『井深大 自由闊達にして愉快なる――私の履歴書』（日経ビジネス人文庫）一九六ページ。以下『自由闊達にして愉快なる』と表記する。原典は一九八九年一一月社内報、理事長を務める幼児開発協会についての抱負を述べて。

（21）その後もエム・アイ・ラボは引脈を中心とした研究を進め、特に関心を持って取り組んでいるのが、西洋医学と東洋医学の融合だった。http://techon.nikkeibp.co.jp/article/INTERVIEW/20140117/328171/?ST=health 前掲『父 井深大』一五四ページ。

（22）前掲『父 井深大』一四八ページ。

（23）以下の資生堂に関する記述は、一條和生［一九九八］、『バリュー経営――知のマネジメント』（東洋経済新報社）三一〜六四ページ。

（24）前掲『父 井深大』一二六ページ。

（25）前掲『自由闊達にして愉快なる』一九六ページ。原典は一九八九年九月社内報。

（26）前掲『Family』故 井深大ファウンダー・最高相談役追悼特別号一九ページ。原典は一九九二年のマネジメント会同で。社内報『タイムズ』一九九二年一月三〇日号。

（27）このエピソードについては前掲『自由闊達にして愉快なる』一六七ページ。

（28）小林康夫・船曳建夫編［一九九四］、『知の技法』（東京大学出版会）三ページ。

(29) E・フッサール著、細谷恒夫・木田元訳［一九九三］、『ヨーロッパ諸学の危機と超越論的現象学』（中央公論社）六九ページ。
(30) 前掲『父 井深大』一三九〜一四〇ページ。
(31) 前掲『Family』故 井深大ファウンダー・最高相談役追悼特別号二四ページ、中島平太郎「井深さんとオーディオ」。
(32) 前掲『自由闊達にして愉快なる』一六〇〜一六一ページ。原典は中島平太郎［一九九八］、『次世代オーディオに挑む――いい音、心地よい音を求めて50年』（風雲舎）所収。
(33) 前掲『Family』故 井深大ファウンダー・最高相談役追悼特別号二四ページ。
(34) 同前二五ページ。
(35) 前掲『自由闊達にして愉快なる』一九五ページ。原典は一九八九年四月社内報、入社式講話。
(36) 前掲『父 井深大』一五四ページ。
(37) 前掲『Family』故 井深大ファウンダー・最高相談役追悼特別号一七ページ。原典は一九七七年五月一二日号の『週報』。
(38) 同前一九ページ。原典は一九九二年のマネジメント会同で。社内報『タイムズ』一九九二年一月三〇日号。
(39) 同前二四ページ。
(40) 前掲『父 井深大』八九ページ。
(41) 前掲『わが友本田宗一郎』三二ページ。
(42) 前掲『父 井深大』四八ページ。
(43) 前掲『わが友本田宗一郎』一九ページ。
(44) 同前一六ページ。
(45) 以下、本田宗一郎のコメントは、本田技研工業社内ビデオ「Top Talks」による。

（46）二〇一〇年のiPadデビューの際にスティーブ・ジョブズが言った言葉。Steven Johnson, Marrying Tech and Art: Steven Johnson on the magic of his first Mac-and how it changed his life., *The Wall Street Journal*, August 27, 2011.

（47）前掲『自由闊達にして愉快なる』一九六ページ。原典は一九八九年五月社内報、創立四三周年でのインタビューに答えて。

Ⅱ　今、われわれが井深に学ぶべきこと

井深が亡くなってちょうど二〇年が経過しようとしている今日[1]、われわれは井深に何を学ぶべきなのだろうか。学ぶべきことを、人間を主体にした知識創造経営、思いのマネジメント、知の人間性という三点からまとめてみよう。

1　人間が本来備える力の発揮を主体にした知識創造経営

科学とは最も人間的なもの

開拓者ソニーが開発する技術は、あくまでも人間の幸福のためにあるという強い信念を井深は持っていた。技術のための技術ではないのである。東京通信工業設立趣意書には、会社創立の目

的としてそれが明確に記されている。

一、日本再建、文化向上に対する、技術面・生産面よりの活発なる活動

一、戦時中、各方面に非常に進歩したる技術の国民生活内への即時応用

人間を考え続けた井深。人間の幸福を考え続けた井深。それは彼の生涯を通じて終始一貫していた。彼にとって科学とは最も人間的なものだった。彼は自分の人生を振り返って次のように記していた。

私は自分の経験を通して、電鈴を分解したり、無線を作ったりしたころの、科学的な機械を作ることに手づくりのぬくもりがあった時代から科学技術が大変進歩した時代へと変わっても、科学とは人間の日常生活とかけ離れたものではなく、最も人間的なものと考えている。(2)

井深は人間の幸福を追求すると同時に、その中で人間としてのあるべき生き方をみずから実践していた。人間の魅力、素晴らしさをみずからの生き方で井深は示したのである。そこに人々は惹かれ、井深とともに生きることを喜び、その過程の中で技術的な困難さを乗り越え、画期的なソニーの製品が生まれていった。江崎玲於奈は、「井深さん、やはりあなたは技術者を引っぱる

企業家としてすばらしいタレントをお持ちでした」と語っている。[3]

それでは、井深の「技術者を引っ張る」方法とは、何だったのか。それは経営学で教えるプロジェクト・マネジメントに則ったロジカルな方法というよりも、人間的魅力に惹かれて人々が井深についていく、そのような状況だった。井深自身が常に創意工夫を凝らして新しいものを創造し続ける人間本来の魅力的な姿をみせ、そこに人々は惹かれてついていく。また井深はそうすることによって、他者に彼ら自身も人間としての成長を目指すように、人間としての魅力を発揮するように、いわばロールモデルとして促した。井深自身にとって、人間が本来持つ可能性を切り開く「人づくり」がライフワークだったのである。井深はこう語る。

> 自分の働くところを、自分の才能をどう伸ばすべきかを本気になって考えてほしい。自分の能力が最高に発揮できる、もてる力をフルに発揮して自分というものをさらに高めることのできる場所を探すのは、あなたの権利であり義務である。
> 人に頼ってはならない。あなたのことをあなた以上に知っている人はいないのだ。[4]

知識創造企業、ソニー

井深が理想とした、人間の主体的な知識創造活動こそ組織による未来創造の源泉であることを示したのが知識創造理論である。「正当化された真なる信念」(Justified True Belief) と定義される知識の創造は、人間がみずからの実体験を通じて強い思いを持つことから始まる。井深の未来創造も、彼の強い思いの産物だった。江崎玲於奈は次のようにも述べていた。

言うまでもなく、過去はちゃんとドキュメントされていますが、未来は未知です。しかし未知を探求するところにこそチャレンジがあるのです。井深さん、あなたは論理的というよりも、まれにみる鋭い直感でこのチャレンジに応じられました。(5)

井深自身も、自分が勘や感性にもとづいて判断していたことを認めていた。(6) 個人の主観としてスタートした組織における人間の知識創造活動は、他者とのインターラクションによってダイナミックに進化する。それは個人の思いが組織内において正当化されていく、人間関係にもとづく社会的でダイナミックなプロセスなのである。(7) 井深もそのような組織づくりを東京通信工業で、そしてソニーで目指していたのである。

井深は知識創造という言葉こそ使いはしなかったが、知識とその創造を強く意識していた。「極力製品の選択に努め、技術上の困難はむしろこれを歓迎、量の多少に関せず、最も社会的に利用度の高い高級技術製品を対象とす。また、単に電気、機械等の形式的分類は避け、その両者を統合せるがごとき、他社の追随を絶対に許さざる境地に独自なる製品化を行う」という井深の定めた経営方針は、まさに人間による知識創造を目指す方針だった。それがソニーの戦略を定めた。だからこそ、ソニーは、トリニトロン・カラーテレビ、ウォークマン、プレイステーションなど、世の中を驚かす革新的な製品＝知識創造の成果を世の中に送り出し続けることができたのである。井深によって、世界的にユニークな、極めて革新的な知識創造企業、ソニーが誕生したのである。また、彼がニュー・パラダイムや東洋思想、東洋医学に注目したのも、従来の近代的合理主義にもとづく知のあり方が限界に来ているとの危機感を持っていたからにほかならなかった。知識創造の方法論を変えないといけないというのが、ニュー・パラダイムで井深が訴えていたことである。人間による知識創造こそ、彼が生涯を通じて追求したことだった。

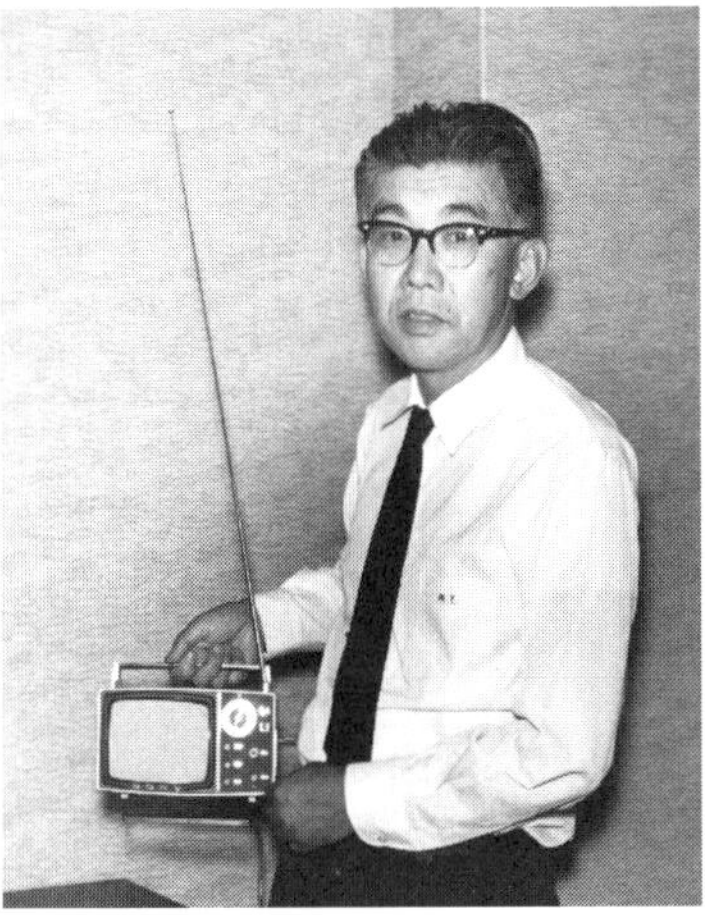

オールトランジスタ世界最小・最軽量のマイクロテレビ「TV5-303」を発売
1962年　54歳

組織活動において、知識は競争優位の源泉である。企業組織を例に取るならば、知識は様々なかたちで実現し、バリューチェインのあらゆる場で生まれる可能性がある。知識は研究開発部門で新技術として生まれる可能性もある。新技術の創造こそ、企業が競争優位を維持・発展させるための有効なイニシアティブである。また人材開発部門で生まれた知識の一つがAction Learningである。ＧＥ（General Electric）はそれにより、数多くのリーダーシップにあふれた人材を育成・活用することができたのであり、彼らはGEの社内外で活躍している。人材開発と組織の課題解決を連動させるGEにおいて生まれたこの新しいリーダー育成に関する知識は、今や多くの企業で人材育成、リーダーシップ開発に活用されている。アマゾンで頻繁に商品を購入するPrime Accountの顧客が人気商品であるPrimeのタグがついた商品を注文すれば、注文した同日にデリバリーも可能である、それはロジスティックス業務に関する新しい知識なしには不可能である。一方、製造オペレーションでトヨタが創造したのがTPS（Toyota Production System：トヨタ生産方式）である。これにより、トヨタにおいては最高品質のモノづくりが最低限のコストで実現できるようになった。そのために、それまで生産ラインを止めてしまえば解雇が命じられたラインにつく労働者に、不具合が発見されれば「アンドン・コード」を引いてラインを止めることが許されることになった。製造における従来の常識が否定されるパラダイムシフトが起こったのである。セールス・販売の分野に注目するならば、個店経営という新しい仕組みがセブン-イレブンによって生み出された。個店単位に商品の発注をすることにより、その個店を訪れる顧客の求める商品を無駄なく、欠品なく品揃えすることにより、セブン-イレブンはコンビニエンスストアという新しい小売形態を創造することができたのである。

GEの強みは人材育成にあり、アマゾンの強みはロジスティックス、トヨタの強みはモノづくりにあり、セブン-イレブンの強みは個店経営にある。こうした企業がそれぞれの業界でリーディング企業として競争優位を発揮し続けることができているのは、それぞれの会社がコア業務において新しい方法、仕組み、システム、つまり新しい知識を生み出したからにほかならない。知識創造はまさに知識情報社会と特徴づけられる二一世紀の競争優位の源泉なのである。(8)

井深による知識創造企業のマネジメント

井深は東京通信工業に、そしてソニーに集う人々が知識創造を思う存分行うことができるような会社づくりを目指した。具体的には、「真面目なる技術者の技能を、最高度に発揮せしむべき自由闊達にして愉快なる理想工場の建設」だった。真面目なる技術者とは、哲学に関心を持ち、強い信念を持つ人だった。真面目なる技術者であれば、年齢などに全く関係なく活躍の場を井深は与えた。それは彼がPCL時代に植村泰二から学んだことでもあり、彼の生涯のマネジメントの基本方針となったのである。

物理も科学もすべてそういうものは道具と考えると、必要な時に勉強しても遅くないんだけれども、哲学とか信念とかいったものはなかなかおいそれとは育たない。だから、そういう勉強をし、興味を持つような人を集めていかなければならないのではないかと思うんです。(9)

井深は哲学を学んだ人々をソニーで求めていた。実際、哲学、教養を学ぶことなしに、われわれは全体利益に通ずる正しい判断を下すことはできない。物理も科学の知識も、教養の土台があってはじめて意味を持ってくる。上智大学の荻野弘之教授によれば、「自分の欲求や目標を適切に定めるのは、正義、勇気、節制、誠実など一般に徳と呼ばれる当人の人柄や性格(10)」であり、それらは教養を学ぶ中で身についていくのである。だからわれわれは教養を学ぶことを怠ってはならないのである。

イギリスではそもそも教養は大学に入るまでに徹底的に身につけておかなければならないものと考えられている。それは各大学のカレッジの学生生活の中で「チュートリアル」や「スーパービジョン」と呼ばれる徹底した個別指導を行う教員や、仲間との交流を経て専門を活かすための知識として、さらに深められる。アメリカでは名門ハーバード大学でも、女子大ナンバーワンのウェルズリー・カレッジでも、教育の中心は教養を学ぶことにあり、専門課程は大学院で学ぶ。

それに比べてわが国では戦後、教養教育はおろそかにされ、大学での教養教育は非常に薄っぺらいものになっている。かつて、旧制高校ではしっかりとした教養教育が行われていたにもかかわらず。今や就職活動に非常に重きが置かれ、教養教育はますます軽視されている（教養教育を謳う新しい大学が登場してきたという喜ぶべき動きはあるのだが）。これでは、人間として正しい判断の基盤がつくり上げられない。

とりわけ未知への挑戦であるイノベーション、知識創造を行うにあたっては、判断するにあたって依拠できる経験もデータもない。だからこそ、その時には、時代を超えた人類の本質をわれわれに教える哲学、リベラルアーツにもとづいて判断するしかない。近年、人材育成で教養教育を重視する企業が増えてきたのも、このような危機感を背景にしたものであろう。学校教育で教養が十分に学べないのであれば、それを個人で、あるいは組織で補っていかないといけない。

「従業員は厳選されたる、かなり少員数をもって構成し、形式的職階制を避け、一切の秩序を実力本位、人格主義の上に置き、個人の技能を最大限度に発揮せしむ」こと、つまり個々人の創意工夫を奨励し、彼らが強い思いを持って新しいことに挑戦できるような環境づくりに、井深は努力した。この考えは、ソニーが世界的な大企業となっても継承された。社員が仕事をすることに喜びを感じるような、楽しくて仕方がないような活気ある職場づくりを目指すという井深の考えは、ソニーが大きくなっても、時代が変わっても、変わることのないマネジメントの大原則だった。人を管理するための制度としてではなく、「明るくオープンで働きやすい会社のカルチャーづくりをしよう」という考えで、人事施策も設立趣意書の考えに沿って、一つひとつ積み重ねられていった。

知識創造の場が失われることへの危機感

組織における知識創造活動に関してもう一つ本質的なことは、それが「場」に規定されることである。「場」、つまり知識創造のコンテクストは、物理的な空間、時間、そしてそこでの人間関係によって規定される。

不具合に関する問題解決を競争優位の源泉とするトヨタは、問題解決の方策は「場」、つまり不具合が発生した製造現場にあると考える。そのためにトヨタは製造ラインに配置された工員に生産ラインを止める権限を与え、彼らに上司との間で「なぜ」を繰り返しながら本質的な問題の解決策を探るよう促すのである。同じようにセブン-イレブンも、特定商品に対する需要ニーズは、「場」つまり各個店でしか摑めないと考える。本社は「場」から離れているために、各店舗に適した品揃えの指示は与えられないとセブン-イレブンは考える。そこで、セブン-イレブンでは、特定商品に対するニーズという暗黙知を、各個店単位で摑もうとする。具体的には、アルバイトを含めた店員が、みずからの店頭での観察や最近の売れ行き動向、そして同じ店舗で働く仲間から得られた情報から判断して、特定商品への顧客のニーズという暗黙知を形式知化し（つまり発注数値に転換し）発注するのである。しかし人間は完璧ではない。発注にミスもつきものである。発注が適切であったかどうかは、ＰＯＳデータをみることにより明らかになる。その結果を次なる知識創造活動（欠品もなく余分在庫もないといった理想状態の実現を目指す適切な商品発注）に活かすことになる。組織による知識創造活動は、進化のプロセスでなければいけないのである。

トヨタとセブン-イレブンに共通なのは、人間の考える力、人間の知識創造活動を前提に、中核的な業務オペレーションが構築されていることなのである。そしてそれはソニーも同じだった。

だから井深が強く危惧したのは、人間の主体的な創造活動がソニーで行えなくなってしまうことだった。ソニーから知識創造の場が失われることへの危機感を常に井深は持っていた。実際に、彼はソニーに警鐘を鳴らし続けた。早くも一九六一年に井深は次のように記していた。

ソニーが一五年前に発足したとき、私たちの体と精神以外いったい何の財産があったでしょうか。不屈の精神、ソニー・スピリットと団結実行以外何の財産があったでしょうか。

そのようなところに「人の和」「団結、協力」が泉のようにわき、今日のような立派な建物の中にそれらが「眠ろう」としているという事実は、何と人生の悲劇であり、人間社会のおろかさでしょうか。私はそれを恐れるとともに、深い摂理を感じるのであります。また私の責任を深く感じるのであります[11]。

またその六年後にはソニーが若さを失ったことを井深は嘆いていた。

こんどヨーロッパへひと月ほどいってきました。ヨーロッパを見て、非常に強く感じたことは、各国ともいかにも老大国といった感じで、若さというものが少しも感じられないということでした。（中略）

ところが、その旅行から帰ってソニーを見たときに、私はなにかソニーもヨーロッパ老大国と同じような症状を、いまや呈しかけているのではないかということを、つよく感じたのです。[12]

早くも創立一五周年時に語られた井深の危機感は、杞憂だったのだろうか。あるいは、早い段階で井深が危機感を語ったからこそ、ソニーで働く人々が目覚め、不屈の精神、ソニー・スピリットを、そして若さを覚醒させたのだろうか。

しかし事実を探るならば、ウォークマンにしても、その企画と商品化をリードしたのは井深と盛田だった。ウォークマンの商品開発スタートのきっかけは、「小型のテープレコーダーに、再生だけでいいからステレオ回路を入れてくれないかな」という井深（当時名誉会長）の言葉だった。だが、現役の経営幹部は、録音もできないテープレコーダーなど売れるわけはない、と猛反対だった。しかしそれを「これはいけるぞ」と押し切ったのが盛田だった。企画書を提出して、試作を行なってという通常の手順を踏んでいたら、この商品は生まれなかったかもしれない。「こんなのをつくってくれ」とアイデアを出したのは、七〇歳を過ぎた井深で、商品化に向けて組織を動かしたのが六〇歳近い盛田だったのである。それを井深は嘆いた。

昨年後半で一番めざましい働きをした商品はウォークマンです。これは盛田会長と私がやろうと言い出して商品化されたものです。こんな情けない話があるでしょうか。ウォークマンのような商品は皆さん方から自動的に出てきてよいはずなんです。[13]

井深はソニーからソニー・スピリットが薄れることを強く危惧していた。

それは人間の主体的な創造活動ができなくなることであり、ソニーがソニーでなくなってしまうことだった。「真面目なる技術者の技能を、最高度に発揮せしむべき自由闊達にして愉快なる理想工場」でなくなることはイノベーションが行いえなくなることであり、ソニーではなくなってしまうことであった。

2　思いのマネジメント

人間主体の経営を壊してしまった「失われた二〇年」

日本企業は従来、年功序列、終身雇用を前提とし、入社からしばらくは個人のパフォーマンスよりも徹底的に仕事のやり方や価値観を身につけることに重きが置かれた。先輩たちはOJTの担当でなくても、職務規定とは無関係に、入れ替わり立ち替わり、後輩に仕事を教えた。ところがバブル崩壊後は職場の様相が一変した。企業収益の悪化、財務体質の脆弱化。一気に弱っていく日本企業を世界は厳しく評価した。金融機関で破綻が相次ぎ、最も国に守られていた金融業界でさえ安泰といえない時代に入っていった。もはや従来の日本型経営では生き残れなかった。そこで日本企業がみずからを復活させる手立てとして選んだのが、欧米流の経営手法だった。

テレビ界で最高の栄誉とされる「エミー賞」がトリニトロンに贈られる。エミー賞のトロフィーを手に　1973年　65歳

経営者は株主に対して利益を約束する。そして、それを念頭に置いた経営計画を立てる。今度は、その数字を各部門や各課に割りつける。それによって社員個々人が目標にする数字も決まってくる。これを逆に辿れば、理論上は個人がきちんと成果を上げれば、課や部の目標数字もクリアでき、課や部の目標がクリアされれば全社の目標も実現できるしかけだ。

しかしながら、個人に割りつけられた目標数値が達成されなければ、株主への約束は果たせない。経営としては、個人に間違いなく目標を達成してもらわないと困るわけだ。「個人目標の達成」「チーム・課の目標達成」「部門の目標達成」「全社の目標達成」というプロセスを確実なものにするために、今やほとんどの企業で目標管理（MBO＝Management by Objectives）や成果主義が導入されている。企業は現在、様々な利害関係者と対峙しないといけない。事業計画を立て、その達成ができないと市場から厳しい糾弾を受け、それは株価にネガティブなインパクトを与える。したがって、企業が数字の達成にこだわることを非難できない。だが、なぜこの数字を達成しないといけないのか、ということが人々に理解されていなければ、数字は一人歩きする。数字達成にコミットしろと言われても、その数字そのものに思いが込められていなければ、その達成は難しい。

最近、企業組織の中で目標の「必達」「未達」という言葉がよく聞かれるようになった。高い目標に対する挑戦、つまりいわゆる「チャレンジ」が、思いを込めて未来創造に挑戦するというよりも、トップマネジメントに強いられる目標必達命令という意味を持つようになった企業まで現れ始めた。しかしその企業は、今や存亡の危機にさらされている。

企業の収益や財務の体質が急速に強化される裏で、ゆゆしき事態が進行した。現場は、上から降ってくる高い目標に追われるようになった。社員はこなしてもこなしても増え続ける大量の業務に埋もれ、疲弊感を増していった。しかもスリム化の名のもとに正社員は絞り込まれ、どうしてもやりくりがつかない場合は、派遣社員が代替する。また、アウトソーシングの名のもとに、オペレーションは切り刻まれて、現場感覚を持てなくなる。希望を持って入社してきたはずが、仕事に面白みを感じられず、それこそ砂を嚙むようなそっけなさで仕事をこなす毎日が続く。その結果、若い社員が次々と辞めていくという事態が起こった。

今、日本ではワークスタイル変革に向けて大きな動きが起こっている。残業時間に対する厳しい規制、プレミアムフライデーが典型的に示す、家庭生活や文化的生活を犠牲にしたこれまでの仕事のやり方の否定。それは正しいことだが、仕事そのもののあり方を本質的に変えなければ、ワークスタイル変革はどこかで破綻をきたす。

論理的マネジメントの限界

本来、仕事はこれほど辛いものであったろうか。もっと楽しいものではなかったろうか。みずから職場で創意工夫を凝らし、顧客や社会のために魅力ある商品やサービスを提供することは、非常にやりがいがあり、ワクワクする行為である。井深も東京通信工業設立時を振り返って、次のように記していた。テープレコーダーの開発に成功した時の思い出である。

最初はザーザー雑音ばかりでなかなか思うように音が出てこなかった。いろいろやった末、なんとか音が出るようになったのだが、このときは木原主任研究員をはじめ研究従事者は徹夜で研究する日が何日も続いたのだった。苦労が大きかっただけに思いのままの音を録音できたときは、みんな手をとってうれし泣きに泣いた[14]。

ところが今、仕事に対するやりがいや喜びが急速に失われている。「メンタル」という言葉で呼ばれる心を病む人もずっと増えてきている。「真面目なる技術者の技能を、最高度に発揮せしむべき自由闊達にして愉快なる理想工場」はもはや、日本では存在が難しいのだろうか。井深はそのような状態にソニーが陥ることに強い危機感を持っていた。

会社が大きくなるにつれ、組織や慣習が重要視され、これがすべての行動につながってきているのではないでしょうか。（中略）

会社で必要なのは、組織や慣習ではありません。やらなければならないことを、まず実行することです。(15)

確かに、成果主義とMBOのもとでは論理的には、成果を上げればそれだけたくさんの報酬を得られるというモチベーションが与えられる。初期の目標が達成できるように定期的にレビューしていけば経営目標が必ず実現できるはずであり、会社も社員も株主も顧客も、部下も上司も経営者も、皆がWIN-WINの関係になるようにみえた。そこには整合性や論理性があるように思えた。

だが、MBOをベースとした経営がいかに論理的、具体的であっても、そこに働く人の「思い」、顧客や社会、さらには地球や人類に対する「思い」がなければ、成果は単なる数字以上のものではなくなってしまう。イノベーションも創造性も、つまるところ株価や利益の手段でしかなくなってしまう。創造性そのものが価値のあるような世界は排除されてしまう。それが中長期的には仕事の虚しさにつながっていく。数字や論理だけ、結果がすべての世界である。これがMBOというツールが確実に機能する世界であり、いわば「左脳のマネジメント」の価値観だ。それと同時に、その限界でもある。

MBOは、それだけでは、人間の思いを扱う余地のないマネジメント・ツールなのである。だからこそ、それは社員に強い思いを持つことを促すマネジメントによって補わなければならないのである。

思いで未来を創る

井深は優秀なエンジニアだったが、彼が商品開発において重視したのは技術やロジカルな分析というよりも、思いだった。

多くの官庁であるとか、大会社は、組織によって動いています。組織が存在すれば、ある程度その組織に意志というものがなくても、それは自動的に動かされていくわけです。何事もない平穏な、全部が登り坂を動いている最中には、そういう組織で自動的に動いていくことも非常に有効なことではありますけれども、なにかこういう変化の多いたいへんな時期に接しますと、意志がなければこれを貫くことはむずかしいと思います。(16)

井深は社員に思いの大切さを伝え、息子にもそれを教えた。井深亮は、父親の言葉で最も印象的なのは、「自分が何をやりたいのか、ということがいちばん問題なのだ」という言葉だったという。[17]

性格や行動が井深とはまったく異なる本田と井深が交流したのは、井深の「シナジーを求める」特質から説明することができた。しかし、すでに説明したように、シナジーを生み出すには共通の基盤が必要であり、井深と本田との間には、人間主体の哲学という思想的共通基盤があった。それに加えて、思いで未来を創るという未来創造、知識創造の手法においても、二人の間には共通点があった。

井深は、本田も自分も厳密に言えば技術の専門家ではなく、ある意味では「素人だった」という。なぜならば、本田も井深も目的を達成しようという執念が非常に強く、目的のためには、どんなに無茶苦茶にみえる手法であろうとも、取り入れられるものは何でも取り入れたからだった。思いつきへの綿密な技術の裏づけは二の次だった。だからこそ逆に、二人は技術に溺れることがなかった。できないことを証明しようとはせずに、できなければ挑戦し続けるチャレンジ精神を二人は共通に持った。そういう意味で、本田も井深も技術的には専門家でも玄人でもなく、全くの素人だったのである。

私も本田さんも、この技術があるから、それを生かして何かしようなどということは、まずしませんでした。最初にあるのは、こういうものをこしらえたい、という目的、目標なのです。それも、ふたりとも人真似が嫌いですから、いままでにないものをつくろうと、いきなり大きな目標を立ててしまいます。この目標があって、さあ、それを実現するためにどうしたらいいか、ということになります。[18]

イノベーションはロジカルな分析からのみ生まれるわけではない。時には非合理的な強い思いからイノベーションが生まれることがある。それを実証したのが本田宗一郎自身だった。[19]今、日本の自動車メーカーは環境技術の分野で世界的なリーダーシップを発揮している。プリウスのことか、と思われるかもしれない。しかしその根源はプリウスよりもずっと前にある。それこそ、ホンダによるCVCC（Compound Vortex Controlled Combustion 複合渦流調整燃焼方式）エンジンの開発である。同エンジンは日本の排出ガス低減技術を世界のトップに引き上げた歴史的なエンジンとして現在でも高く評価されている。

非常に厳しい排気ガス規制基準を課したマスキー法（A clean air act）が一九七〇（昭和四五）年に制定されると、アメリカの自動車メーカーはこぞって同法をつぶしにかかった。ビッグスリーは共同してロビー活動を行なったのである。財務的な計算をしてみれば、マスキー法に適合するエンジン開発に要する巨大投資は、割に合わなかったからである。それは、財務的な観点からすれば、極めてロジカルな判断だったのかもしれない。しかし考えてみれば、従来の延長線上では対応することのできないマスキー法対応のエンジンを開発するということはイノベーションであり、未知への挑戦である。会社にあるデータや経験は過去のことであり、それをいくら分析し

トランジスタテレビの製造ラインに立つ井深大　1960年頃

ても、未来はみえてこない。ビッグスリーはマスキー法を回避することにより、投資や開発資金をセーブすることはできた。しかしそれと同時に、環境に優しいエンジンを開発するという貴重な知識創造の機会を失ってしまったのである。

ホンダの考えは違った。ホンダの財務基盤はビッグスリーと比べれば遥かに脆弱だったにもかかわらず、ホンダはマスキー法に適合する新型エンジンの開発を決断した。人間の健康に悪影響を与えている状況を解決することは正しいことか。このような本質的な問いかけを、その時、ホンダは行なった。ホンダの開発者の数も少なかったので、短期間でエンジンを開発するために当時の研究者の実に七割をエンジン開発に投入した。これほどまでに社内の力を結集してエンジン開発に取り組んだのは、環境適合エンジンを開発するのは、人類の持続的な発展を図る上で自動車会社の使命であると判断したからである。

それは合理的な意思決定を超えた、人類全体の善のためにくだされた高質な意思決定だった。その結果、一九七二年に完成したのがCVCCエンジンである。CVCCは本田が開発したシビックに搭載され、アメリカに輸出された。すると、全く予想しない事態が起こった。オイルショックである。ガソリン価格は急騰し、そのために燃費のよいシビックはアメリカで人気殺到となった。人間の健康、幸福のためにどうすべきかという判断が、本田の飛躍をもたらした。マスキー法をつぶしに動いた（実際に同法は一九七四年には実質的に廃案になってしまった）ビッグスリーとは好対照だった。

「思い」のこもった仕組みこそがスタートライン

今日、経済のグローバル化が急速に進み、企業には絶え間ないイノベーションが要求されるようになっている。短期的に業績を高めたところで、中長期的な成長を確保する土壌がなければどこかで息切れし、グローバル化の波にのまれてレッドオーシャンの血の海の中で泡沫と化してしまうだろう。「思い」の大切さに気づかず、もしくは気づいたとしても目をそらし、疲弊する現場を抱えながら、MBOの呪縛から逃れられずに短期的な業績向上にひた走ってきたのが、最近の日本企業の姿であった。そして、コーポレート・ガバナンスに対する高い関心と、株主に対するコミットメント達成へのプレッシャーが強まる近年、さらにその傾向は強まっている。MBOに代表される左脳のマネジメントだけでは、もはや企業経営は成り立たない。やはり、働く人、一人ひとりの「思い」の込もった仕組みこそがスタートラインだという認識が必要なのである。それこそ、われわれが井深から学べることである。

井深も東京通信工業の設立にあたって「志を同じくする者が自然に集まり、（中略）長い間みんなの間に自然に培われていた共通の意志に基づいて、全く自然に滑り出したのである」と記している。[20] 思いの共鳴、共有が会社創立の基盤だった。井深が東京通信工業設立の際に行なったように、会社の経営をそこに集う人々の思いを基盤に築き上げること。それが「右脳のマネジメント」である。右脳のマネジメントは「思い」が込もっているという意味で、「思いのマネジメント」(Management by Belief)、MBBと呼ぶことができる。

思いがあるからこそ、数字へのコミットメントが生まれる。コミットメントとは強制されるものではなく、内発的なものである。したがってMBOはMBBを伴ってはじめて機能するのである。井深の次のコメントも、まず思いを持ち、その上で数字を考えろと言っているのであり、それこそMBBをスタートとしたMBOとの連動を語っていることにほかならない。

最近のソニーの製品を見ていると一三〇の目標が一二〇になり一一〇になりして、中には九〇どまりとしか考えられないものすらあるように思えてならない。ここはやはり当社創立以来の伝統を貫いて、あくまでも一三〇の技術を目指し、どうやってそれを完成させるかに心血を注ぎ、工夫をこらして欲しい。[21]

3　知の人間性

非合理的な知の重視

井深に特徴的なことは、思いに限られず、何か数字や文字に表現できないこと、すなわち暗黙知を重視していたことである。気、東洋医学への関心、ニュー・パラダイム、技術力に勝る直観力。これらに共通なのは暗黙知の重視だった。

技術革新の本当のものというのは、世の中に革命を与えて、新しいものを生み出し、産業というものをこしらえてやってゆくので、そうしたら所得倍増なんていうケチ臭いことをいう必要はないんじゃないか。[22]

ここで井深が言おうとしていたことは、所得倍増なんていうケチ臭い数字目標で未来の目標を設定するな、革命を起こそうという大きな野心を大事にしろということである。このような井深が大事にした暗黙知、つまり非合理的な知の重視は、ＡＩ（Artificial Intelligence）の第三の波が訪れている今日、ますます顧みられないといけないのではないだろうか。

今、第三次のＡＩブームが起こっている。[23] ＡＩの歴史は一九二〇年代までさかのぼるが、コンピュータ性能の画期的な進化（スピードと容量）、活用できるデジタルデータの量と種類の爆発的な増大、そして長年研究されてきたディープ・ラーニング技術などの機械学習、遺伝的アルゴリズムなどの発展が今日のブームを支えている。ＡＩの実験的活用、とりわけ人間に対する競争優位はまずゲームの世界で起こった。二〇一一（平成二三）年にはアメリカの人気クイズ番組「ジョパディ」[24]でＩＢＭのWatsonが二人のチャンピオンに勝利したのを皮切りに、一気にＡＩブームが加速されたのである。[25] ＡＩの人間に対する勝利は将棋（ＡＩ将棋）や囲碁（Alpha碁）の世界でも続いた。知的アミューズメントの世界でＡＩが発揮した人間の能力を上回るパフォーマンスに人々は驚いた。そのために、「ジョパディ」でWatsonが優勝した直後に、企業、病院、大学などから、Watsonを業務やビジネスに使いたいという要請が多く寄せられた。医療や保険など、複数のインダストリーにおけるWatsonのビジネス応用実証プロジェクトを数年間、実施した後、ＩＢＭとして事業化の目処が立ったとして、二〇一四年一月にはWatson事業部が設立された。

集計機の時代、プログラム可能なシステムの時代を経て、今やＡＩによる学習するシステムが、製薬、保険、医療さらには調理など、企業活動の様々な分野で活用される時代が到来しつつある。それにより人間能力の拡張が実現しつつある。肉体的限界、情報伝達の限界、生産性の限界を超えて、今や人間は複雑性の限界を超えようとしているとも言われている。ＡＩによる人間の認知能力の飛躍的な拡大、拡張が実現されつつある。

しかしその一方で、ＡＩの人間の創造力への挑戦はゲームの世界に留まらず、従来は人間が行なってきた創造活動をＡＩが代替するような事態も生まれている。すでにアメリカでは新聞記事がＡＩによって書かれている。[26] ＡＩを使って小説も書けるし、[27] 絵も描けるし、[28] 作曲することもできる。[29] 創造性こそ人間の人間たる所以であるという従来の常識を覆すような事態が起こりつつあるのだ。この傾向はとどまることなく、ＡＩによる人間の仕事の代替が今後、様々な領域で起こるだろうという予測も出されている。

有名なのは野村総合研究所とオックスフォード大学のオズボーン准教授による共同研究だ。[30] それによれば、日本の労働人口の約四九パーセントが技術的にはＡＩによって代替可能だと言う。日本国内の六〇一の職業に関する定量分析データを用いたところ、必ずしも特別の知識・スキルが求められない仕事、データの分析や秩序的、体系的操作が求められる職業は、ＡＩによって代替される可能性が高いと分析されている。その一方で、芸術、歴史学・考古学、哲学、神学などいわゆるリベラルアーツの分野や、他者との協調や、他者の理解、説得、ネゴシエーションが求められる職業や、サービス指向性が求められる職業では、ＡＩによる人間の代替は難しいともこの調査では分析されている。

ＡＩによる人間労働の代替問題に関しては、様々なところから刺激的な予測が行われ始めている。いわく、銀行の仕事の八割は将来ＡＩに任せられるとか、自動運転技術の進化と法律改正を前提とはするが車の運転も人間が行わない時代が来るだろうと予測され、各種認可作業など「誰にでもできる」仕事の多くは遅かれ早かれＡＩが行うようになるというのである。二〇一六年のアメリカ大統領候補予備選挙で当初は泡沫候補にすぎないとみなされていたバーニー・サンダースが、雇用の死守を訴えることで大きな支持を得るに至った「サンダース現象」からも、アメリカにおけるＡＩによる人間労働の代替に対する社会的な危機感を感じることができる。

今後、ＡＩを導入した企業においては、ＡＩによって仕事を失った人にどう対処するかということが、人事労務管理上の重要問題になるかもしれない。またＡＩの導入を前提としてこれからの人材採用計画も立てていかないといけなくなるだろう。代替はされずに仕事を確保できたとしても、ＡＩ活用が進むことで賃金の下落が進む可能性も考えられる。ＡＩを活用したビジネスモデル、そしてＡＩと人間が共存する新しい業務プロセスとマネジメントの構築を企業は迫られているのである。

ＡＩの業務における活用を真剣に検討するならば、経営層や担当者は、「人間との共存」「人間とＡＩ」とが連携する新しい業務のあり方を模索しないといけない。カルチャー変革を含めた企業全体の根本的な変革もそれに伴い必要となるだろう。このようにＡＩは企業にとって最重要問題の一つになりつつあると言っても過言ではないのである。ＡＩがもたらす社会的インパクトの大きさを重視する専門家の中には、ＡＩ時代の到来により、日本には終戦以来の大きな変化がもたらされ、ＡＩによって日本の運命は変わるとまで考えている人もいる[31]。このように人間によらない知識創造活動が急速な発展を遂げつつある新しい世界の中で、人間の知識創造活動のあるべき姿が模索されている。

知識創造における今後の課題

ＡＩによる人間の支援は、次のような四段階で進化すると考えられている。第一段階が百科事典的な専門知識の活用（ＡＩによる人間の知識創造活動のサポート）、第二段階が新しく発見されるパターンと関係性の可視化（ＡＩによる理解）、第三段階が競合する観点の分析（ＡＩによる意思決定）、そして第四段階が新しい知見の創出と新しい価値の発見（ＡＩによる発見）である[32]。しかし、このような一連の支援活動においてＡＩに決定的に欠如しているのは常識である。機械の脳は、人間が経験を通じて獲得した膨大な「常識」を持たないと言われている。人間が生物進化の長い歴史の中で獲得した「常識」がＡＩにはないのである[33]。そのことが文意の理解や状況の把握のハンデとなる。一例が、マイクロソフトが開発し、実験中だったＡＩの「Tay（テイ）」が、ツイッター上でヒトラーを肯定したり、人種差別的な言葉を発したりし始めたことである。同社はしばらく実験を中止することを明らかにしたが[34]、常識ある人間であればこのような行動を取ることはないだろう。したがって、常識は人間が補わないといけない。

常識とは長年の実践にもとづく暗黙知にもとづいている。そしてわれわれが現実世界で下す判

図表2　智と徳

	私	公
智 Intellect	物の理を究めて 之に応ずるの義 （工夫の小智）	人事の軽重大小を分別し、 軽小を後にして重大を 先にし、其時節と場所と を察するの働 （聡明の大智）
徳 Moral	貞実、潔白	公平、勇強

［出典］　ナレッジ・フォーラムにおける猪木武徳先生の講義（2016年6月11日）で示された図にもとづいて著者が作成。

断や行動の多くは、そうした「常識」に依拠しているのである。それでは、そもそも常識とは何なのだろうか。この問題を古典に立ち返って検討してみよう。

福沢諭吉によれば、常識とは、智と徳の二要素を備えたものでないといけない[35]。福沢諭吉は『文明論之概略』の中で、「文明の進歩は世人一般の智徳の発生に関するものなり」と記し、智（Intellect）と徳（Moral）が文明の進歩を支える両輪であると考えた[36]。しかも福沢によれば、知と徳はそれぞれ私と公の二局面で追求されないといけないという。

そして福沢諭吉が最も重視したのは、公的な智だった。それは決して徳を福沢諭吉が軽視していたというわけでない。彼が公的な智を重視したのは、日本では社会問題を道徳の問題として解釈する傾向が強いことを危惧していたからである[37]。福沢諭吉は次のように記している。「而してこの四者の内にて最も重要なるものは、第四条の大智なり[38]」。大智とは、事柄の軽重大小を分別し、何を優先すべきかを時と場所とを察しつつ判断する働きを指す。それは「物の理を究めて之に応ずるの義」と定義された私的な智である「工夫の小智」とは明確に異なり、「人事の軽重大小を分別し、軽小を後にして重大を先にし、其時節と場所とを察するの働」を意味する。つまり、個々の局面で何が大事か、何を何に優先すべきかの判断力を公的な智である大智は意味していた。

フロネシス

ところで、福沢諭吉の大智という考えは、アリストテレス呼ぶところのフロネシスと通じるところがある。アリストテレスによれば、実践で活かされる知識、実践知（practical wisdom）とは、正解が一つとは限らないような場面で真理を見定める知識である。一瞬、一瞬で変わっていく世の中の動きの中で、「今、ここ」（here and now）の局面で、自分の置かれた状況を冷静に判断し、普遍の原則を個別の状況へと適用しながら、最適な判断を下す知識をそれは指す。アリストテレスはこのような実践知をフロネシスと呼んだ。フロネシスを英語に訳せばprudence、日本語に訳せば、思慮、分別となる[39]。

フロネシスは「自己の善や利益に関して、部分的にではなく全体としてよく生きることに向けて、立派な仕方で熟慮できること」である。フロネシスは、ロジカルに学ぶことのできる仮説と検証にもとづく学問や技術、つまり福沢諭吉の言葉を借りるならば、「工夫の小智」とは異なる。フロネシスは普遍と同時に個別を知らないといけないから、様々な局面を理解する中で磨き上げられていくものだからである。実践知に由来するこうした知識が育成されていくメカニズムは経験であり、年齢が意味を持つことになる。経験を重ねながら、実践知を磨き上げてくるのである。「新しい状況に直面していかに振る舞うかの回答は、常にわれわれの経験や常識という肥沃な平野に眠っている」[40]のである。

ソニーの経営の基盤にも大智、フロネシスがあった。井深は東京通信工業に集った仲間の志が、つまり彼らの「真摯なる理想」が、再建日本の企業の在り方と図らずも一致したことに「大いなる喜び」を感じていた。東京通信工業設立の目的も、「日本再建、文化向上」への貢献であった。規模を追わず、小さい企業であることを求めていたから極力製品の選択に努めなければならず、その基準は「最も社会的に利用度の高い」製品に開発の焦点を定めないといけないとした[41]。

知識創造における非合理性の意義

コンピューティング、AIの隆盛に注目すると、まさに合理的な理性の発揮こそ、知識創造において中核的であると認識されるかもしれない。しかし深く考えてみれば、われわれの生きる世界では非合理性が極めて重要な働きをしていることに気づかされる。井深の人生そのものがその証拠ではないだろうか。井深は家族との絆をとても大事にしていた。しかしそれは必ずしも井深の思うように実現はしなかった。井深は、家庭人としては決して平坦な道を歩んでいないのである、しかしそれにもかかわらず、井深は悲嘆することなく、人生に絶望することなく、理想を求めて生き続けた。そこに独立した個を確立した人間、井深の力強さを感じる。

現実世界と理性は必ずしも一対一で対応していない。たとえば、「ビュリダンの驢馬」のエピソード[42]が示すのは、一元的な合理性追求の愚かさである。合理性を徹底すれば、人間は動けなくなってしまうということをこのエピソードは示唆している。同様に有名な「囚人のジレンマ」が教えるのは、「信頼」という多分に非合理的な要素を含んだ概念が利害当事者双方に利益をもたらすということである[43]。別室で取り調べを受けており、相手がどのような証言をするかわからない状況に置かれた二人の囚人がお互いにメリットを得られるのは、両者の間に相互の信頼ある時に限られる。自己利害のみを考えるのであれば相手を裏切り、自分にとって都合のよい証言をすれば最悪の事態は回避できる。しかし相手も合理主義に則って行動するならば、自己に都合のよい証言をして相手を裏切ることになる。その結果、お互いの裏切り合いが起こり、両者にとって最善の結果は得られない。しかしお互いを信頼し、自分に不利な証言をしないと相手を信じることができれば、お互いに相手に不利な証言はすることなく、その結果として両者にとってWIN-WINの事態が実現する。合理的選択はパレート最適をもたらさない。非合理的な信念ともいえる他者に対する信頼こそが、利害関係者にメリットをもたらすことを囚人のジレンマはわれわれに教えているのである。

東京通信工業の経営の基盤も信頼だった。東京通信工業に集った人々の間には「人格的結合」「堅き協同精神」があり、それは信頼関係に支えられた緊密な人間関係があったことを意味していた。また信頼関係は社外にも広がっていた。東京通信工業の特長とは「技術界・業界に多くの知己関係と、絶大なる信用を有する」ことであり、それらを利用すれば、「大資本に充分匹敵するに足る生産活動、販路の開拓、資材の獲得等を相互扶助的に行う」ことができたのである。[44] そして本田も井深と同じように、信頼にもとづいて異なる意見を持つ社員を一つにまとめようとしていた。

人類社会が発展するためには、合理性をどこかで見切って意思決定することが必要になる。しかしそこでの意思決定は自己利益を超えた、社会全体の善、公共善に貢献するものでないといけない。だからこそ、AIの進化の中にもかかわらず人間が行わないといけないことは、福沢諭吉言うところの大智にもとづいた判断であり、アリストテレス言うところのフロネシスの発揮なのである。AIで得られるのは「工夫の小智」であり、大智は人間自身が摑み取らないといけない。大智、フロネシスといったNon-cognitiveな力の意義を忘れてはいけない。そしてAIの時代といっても、cognitiveな知の偏重は避けなければならないのである。Non-cognitiveな知力と人間理解を広めることが依然として大切なのである。

企業界における暗黙知への関心の高まり

このようなAIの限界と大智、フロネシスの意義を考えると、AIやデジタル技術を活用した新しいビジネスモデルの構築を目指している企業界で信念（Belief）に対する関心が高まっているのは興味深い。GEの会長兼CEOのジェフ・イメルトは、前任者のジャック・ウェルチ会長兼CEOの時代に確立された、バリュー（Value——企業の価値観であると同時に社員の行動原則）の共有を通じて多様性に満ちたグローバル企業であるGEを一つにまとめるというマネジメントの仕組みを廃した。valueではなく、belief（信念）で会社をまとめることにしたのである。これは、GE自身が二〇年以上続いた自社の仕組みを根本的に変える、大変革に踏み出したことを意味している。なぜならば、グローバル化するとともに多様化、複雑化する組織をまとめるには、企業独自の価値の共有（Shared Value）が効果的であることを世界の企業に教えたのはほかならぬGEだったからである。

イメルトが信念という言葉で多様性に満ちたGEをまとめようとした背景には、GEが進めているデジタル・テクノロジーを駆使した接続産業企業（Connected Industrial Company）あるいはデジタル産業企業（Digital Industrial Company）への変革がある。インダストリー・インターネット、つまりインターネットを活用した新しいビジネスモデルを構築し、それで新たな成長を実現するためには、社員の発想と行動を根本的に変えなければならない。そのためには、valueという言葉よりもbeliefという言葉のほうが適しているとGEは考えた。[45]「正当化された真なる信念」

と知識が定義されるように、イノベーションは経験にもとづいた強い信念に由来する[46]。強い信念を持って、ぜひとも社員にイノベーションに取り組んでもらおう、そのためにこそ、valueではなくてbeliefという言葉で社員をまとめよう。これが、GEのマネジメント変革の理由なのである。

一方、イノベーションのためには、過去の信念を否定することも必要になる。デジタル・テクノロジーを駆使した新しいビジネスモデルの構築に成功するかどうかは、みずからの過去の信念を否定できるかどうかにかかっていると考えられている[47]。イノベーションのジレンマの議論が示すように、過去の特定の「場」で得られた過去の信念に固執していては、新しい知識創造は実現できないのである。

デジタル化、AIという形式知への関心の高まりの一方で、企業界における暗黙知への関心の高まりも看過してはならない。世界で最も独創的な工業デザイン会社と言われているIDEOを中心にシリコンバレーで始まったデザイン思考（Design Thinking）は、近年、地域と領域を超えて発展を遂げている。デザイン思考ではデザイナーを活用し、利用者、人間の視点から新しい製品やサービスの開発に努める。デザインとはまさに暗黙知を形式知化することにほかならない。Deep Diveと言われるブレインストーミングの手法やプロトタイピングの活用など、そのためのノウハウをIDEOは開発してきた[48]。それがデザインの世界を超えて、コンサルティングの世界で活用され出している。二〇一五年五月、マッキンゼーは、デザインコンサルティング企業であるLUNAR社（米）を買収した。一九八四年に設立されたLUNAR社は、アップルやHP、SanDiskをクライアントとしてきたトップデザインファームである。コンサルティング会社がデザイン会社を買収したのは、今やデザイン思考は単なるデザインの世界を超えて、企業の抱える問題の所在の発見や解決策の探求にも活用されるようになっているからである(49)。

IBMの基礎研究部門によれば、Watsonは人間でいうと左脳部分、つまり論理的な分析が得意だ。今後は右脳部分、つまり芸術性、直観、イメージ処理などをコンピュータ・システムでどのように処理するかが課題と考えられている。この課題に対しては、全く新しいコンピュータ・システムとして、人間の脳神経のシナプスやニューロンを電子回路化した脳チップの基礎研究も進められている。脳科学者の池谷裕二氏によれば、脳は人間みずからの行動を反射的に理由づけしており、直観という無意識の内に行われる反射のプロセスが脳には備わっているという(50)。したがって、今後はこの直観をコンピュータが処理できるかどうかが、AI研究の重要課題になるだろう。しかし現段階ではIBMでも、コグニティブ・コンピューティングは、決して人間を超えるものではなく、あくまでも、人間を支援するツールとして位置づけられている。先にも述べたように、福沢諭吉の考えに依拠すれば、AIで得られるのは「工夫の小智」である。計算、記憶など、人間が苦手なことをAIが行う。AIが人間には到底処理しきれないデータを、短時間で分析する。学習機能を用いることによって、分析や解析の精度もより高まる。こうして、人間は「工夫の小智」を、AIを通じてハイスピードで獲得する。AIは、人間の判断や創造を代替す

図表3　知識創造の進化　新しいシンセシス

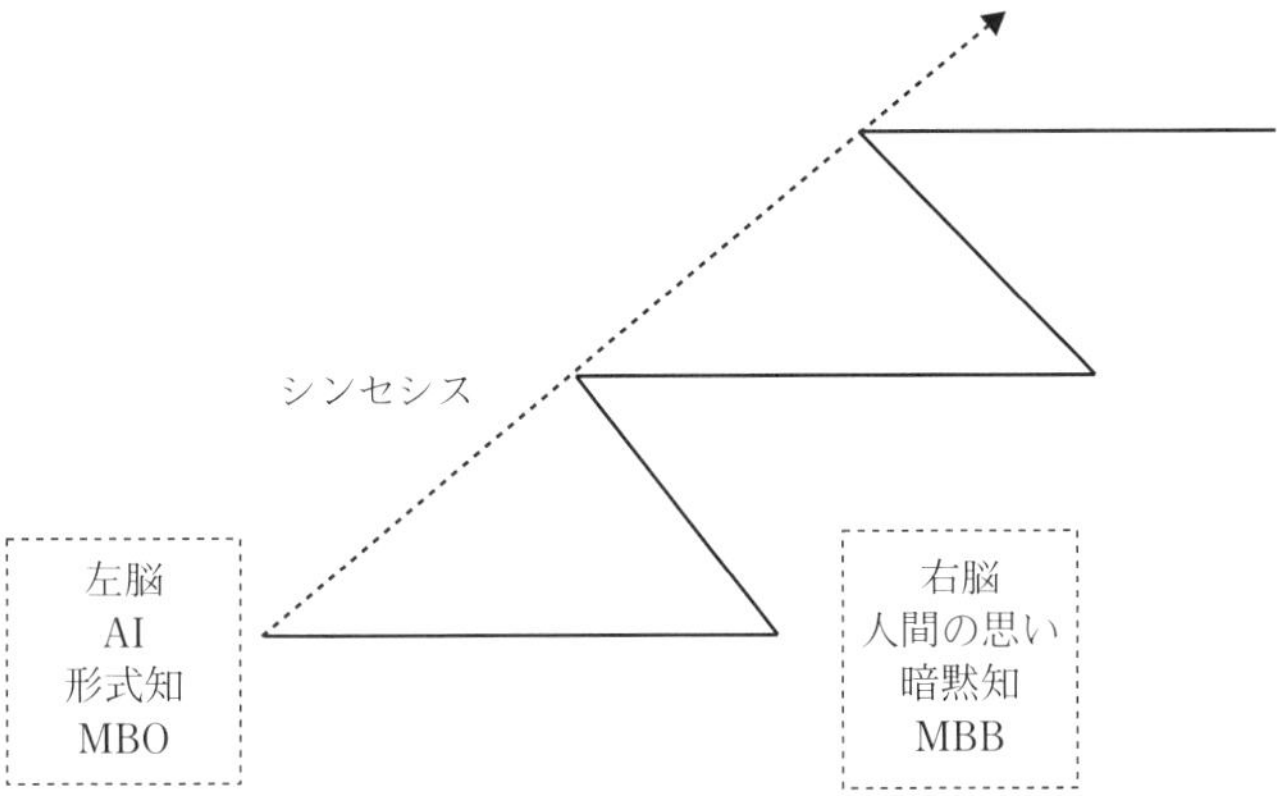

［出典］著者作成。

るものではなく、人間の知識獲得をより加速する手段と考えられるべきであろう。何よりも大事なのは、大智を持って人間が知識創造に主体的に取り組むことなのである。人間とＡＩとがコラボレーションした新しい知識創造がこれからは求められるだろう。

ＡＩの登場により、組織による知識創造活動を進化させる新たなシンセシスの可能性が生まれている。左脳、ＡＩ、形式知、そしてそれらを支えるＭＢＯと、右脳、人間の思いと、暗黙知、そしてそれらを支えるＭＢＢのシンセシスである。この新しいシンセシスによって、人間の知識創造活動はよりダイナミックに、かつスピーディーに進化していく可能性が展望できるのである。

井深の中にもエンジニアの合理性と、暗黙的なものを大事にする非合理性が同居していた。

しかしながら、それはまさに井深が人生に真剣に向き合って生きてきたからであろう。合理性では割り切れないところに人生の悲哀がある。人間は限られた知識しか持たず、合理的思考を追求していくと、結局、合理性を超越した世界に信を置かざるをえない。それを井深は人生の中で味わったのではないだろうか。非合理性の中に生きることこそ、われわれの人生そのものなのである。だからこそ、井深の人生は、死後二〇年を経て、今、デジタル・テクノロジーの進化、ＡＩの進化に直面する中、人間が何を行わないといけないのか、われわれは何を大事にしないといけないのかを、われわれに教えている。そこに井深の人生を振り返る現代的意義がある。

（1）井深は一九九七年一二月一九日に亡くなった。
（2）井深大［二〇一二］、『井深大 自由闊達にして愉快なる――私の履歴書』（日経ビジネス人文庫）一九六ページ。以下『自由闊達にして愉快なる』と表記する。原典は一九八九年九月社内報。
（3）『Family』故 井深大ファウンダー・最高相談役追悼特別号（一九九八年四月、ソニー株式会社発行）六一ページ。ソニーグループ葬における江崎玲於奈の弔辞。
（4）前掲『自由闊達にして愉快なる』一八七ページ。原典は一九六九年一月、年頭経営方針。
（5）前掲『Family』故井深大ファウンダー・最高相談役追悼号六一ページ。
（6）前掲『自由闊達にして愉快なる』一二二ページ。このコメントの原典は、小島徹［一九九三］、『井深大の世界』（毎日新聞社）所収。
（7）知識創造理論については、野中郁次郎・竹内弘高［一九九六］、『知識創造企業』（東洋経済新報社）を参照のこと。

(8) このような見解が記された代表的な文献は、ピーター・F・ドラッカー著、上田惇生ほか訳［一九九三］、『ポスト資本主義社会』（ダイヤモンド社）、現在では、ドラッカー名著集八（同社、二〇〇七年）所収。
(9) 前掲『自由闊達にして愉快なる』一九八ページ。原典は一九九〇年五月社内報、創立四四周年を記念して大賀典雄と対談して。
(10) 荻野弘之「実践に活かせる知性」『人間会議』二〇〇六年冬号（事業構想大学院大学出版部）七八ページ。
(11) 前掲『自由闊達にして愉快なる』一八〇ページ。原典は一九六一年五月五日社内報、創立一五周年の所信。
(12) 同前一八四〜一八五ページ。原典は一九六七年六月社内報。
(13) 同前一九四ページ。原典は一九八〇年一月社内報、年頭所感。
(14) 同前七二ページ。
(15) 同前一八九ページ。原典は一九七〇年一月社内報、年頭経営方針。
(16) 同前一九〇ページ。原典は一九七二年一月社内報、年頭経営方針。
(17) 井深亮［一九九八］、『父 井深大――経営者として、教育者として、家庭人として』（ごま書房）七八ページ。
(18) 井深大［二〇一〇］、『わが友 本田宗一郎』（ごま書房新社）二七ページ。なお初版は一九九一年、ごま書房刊。
(19) 以下、ホンダによるCVCCエンジンの開発については、一條和生・徳岡晃一郎・野中郁次郎［二〇一〇］、『MBB：「思い」のマネジメント――知識創造経営の実践フレームワーク』（東洋経済新報社）三九〜四〇ページ。
(20) 東京通信工業株式会社設立趣意書。
(21) 前掲『自由闊達にして愉快なる』一八六ページ。原典は一九六八年四月社内報。
(22) 同前一八〇ページ。原典は一九六一年社内報。文化放送の座談会「日本の科学技術」を再録。

（23）以下のＡＩと知識創造に関する記述については、一條和生・久世和資「ＡＩ：非認知の知が拓く知識創造の最前線」『一橋大学ビジネスレビュー』二〇一六年九月。

（24）ジョパディは、米国で五〇年以上続く人気クイズ番組で、月曜日から金曜日の夕方に三〇分間、放映されている。パネルに表示された六分野×五レベルの計三〇の問題が、パネル二枚分で全六〇問、出題される。これを、三人の挑戦者が早押しで解答権を取って答える。正解するとレベルに応じた賞金が加算され、最終的に最も高い賞金を獲得した人が優勝者となる。Watsonは七四連勝のケン・ジェニングさんと、三億円獲得の賞金王のブラッド・ラターさんの二人と対戦し、見事に勝利を収めた。ジョパディでは、二度と同じ問題は出題されないので、過去問をいくら記憶させておいても、解答することはできない。Watsonは、高度な自然言語処理により、出題された問題を分析し、みずからが保有する二億ページ分のテキストデータから正解の候補をみつけ出す。二億ページ分のテキストデータには、ウィキペディア、新聞、聖書など多種のデータが含まれていた。

（25）ただしＩＢＭでは、Watsonを人工知能とは位置づけていない。より実用的な適応を目指し、コグニティブ・コンピューティング（Cognitive Computing）と呼んでいる。しかし本書では一般的に通用しているＡＩをもっぱら表現として使うことにする。なお、ＩＢＭにおけるWatson開発については、John E. Kelly III and Steve Hamm, *Smart Machines: IBM's Watson and the Era of Cognitive Computing*, Columbia Business School Publishing, NY, 2013.

（26）"This News-Writing Bot Is Now Free for Everyone", *Wired*, October 20, 2015.

（27）Google has AI writing 'rather dramatic' fiction as it learns to speak naturally, Source: http://www.theverge.com/2016/5/15/11678142/google-ai-writes-fiction-natural-language-neural-network.

（28）http://www.popsci.com/these-are-what-google-artificial-intelligences-dreams-look

（29）Creative AI: Computer composers are changing how music is made, Soure: http://www.gizmag.com/

creative-artificial-intelligence-computer-algorithmic-music/35764/

（30）野村総合研究所ニュースリリース「日本の労働人口の49％が人工知能やロボット等で代替可能に」https://www.nri.com/jp/news/2015/151202_1.aspx

（31）「ＡＩで失業する人に受け皿を」数学者が警鐘 国立情報学研究所 情報社会相関研究系 新井紀子教授『日本経済新聞』二〇一六年三月三〇日。

（32）ＩＢＭ本社におけるインタビュー（二〇一六年五月一七日）。

（33）「ＡＩ、弱点は『常識知らず』」『日本経済新聞』二〇一六年二月二一日。

（34）『朝日新聞』二〇一六年三月二五日。

（35）福沢諭吉の智と徳に関する考えについては、ナレッジ・フォーラムにおける猪木武徳先生の講義（二〇一六年六月一一日）に示唆を得た。

（36）福沢諭吉［一九九五］、『文明論之概略』（岩波文庫）一一九ページ。

（37）丸山真男［一九八六］、『「文明論之概略」を読む』中（岩波新書）一三八ページ。福沢諭吉が明治時代に危惧した智と徳に関する私的側面の重視、それに比しての公的側面の相対的軽視は、最近の政治家のスキャンダルをみてもわかるように、今の時代にもあてはまるともいえる。

（38）前掲『文明論之概略』一二〇ページ。

（39）フロネシスについては、アリストテレス（前三八四〜前三二二）の『ニコマコス倫理学』（参照したのは高田三郎訳［一九七一］、岩波文庫版）、特にその第六巻第五章にまとめられている。その解説として、荻野弘之［二〇〇三］、『哲学の饗宴――ソクラテス・プラトン・アリストテレス』（日本放送出版協会）、荻野弘之「実践に活かせる知性」『人間会議』二〇〇六年冬号七七〜八一ページ。経営学においてフロネシスを初めて本格的に取り上げた研究として、野中郁次郎・遠山亮子・平田透［二〇一〇］、『流れを経営する――持続的イノベーション企業の動態理論』（東洋経済新報社）。他者におけるフロネシスの育成を知識創造を担うリーダーの重要な能力として定めたのが、Ikujiro Nonaka and Hirotaka Takeuchi, The Wise Leader, *Harvard Business Review*, May 2011, pp. 2-11. 翻訳として、野中郁次郎・竹内弘高「賢慮のリーダー『実践知』を身につけよ」『ハーバード・ビジネス・レビュー』二〇一一年九月号（ダイヤモンド社）。なお、本節におけるフロネシスについての議論については、ナレッジ・フォーラムでの荻野弘之教授の講義（二〇一六年三月一二日）、ならびにナレッジ・フォーラムでの野中郁次郎教授との意見交換（二〇一六年三月一二日）に多くを負うている。

（40）前掲「実践に活かせる知性」八一ページ。

（41）東京通信工業株式会社設立趣意書。

（42）驢馬が歩いていると道が二手に分かれている。そしてどちらにも等距離の地点に等量の藁が置いてある。どちらの道に進んだらよいかあれこれ思案を重ねた結果、結局どちらにも進むことができずにその場で餓死してしまったという寓話。

（43）ウィリアム・パウンドストーン著、松浦俊輔ほか訳［一九九五］、『囚人のジレンマ――フォン・ノイマンとゲームの理論』（青土社）一三六～一七一ページ。

（44）東京通信工業株式会社設立趣意書。

（45）Raghu Krishnamoorthy, GE's Culture Challenge. After Welch and Immelt, *Harvard Business Review*, January 25, 2015 https://hbr.org/2015/01/ges-culture-challenge-after-welch-and-immelt

（46）このような問題意識から書かれた本として、前掲『ＭＢＢ：「思い」のマネジメント』。

（47）Marc de Jong and Menno van Dijk, Disrupting Beliefs: A New Approach to Business-model Innovation, *McKinsey Quarterly*, July 2015.

（48）ＩＤＥＯについては、トム・ケリー、ジョナサン・リットマン著、鈴木主税・秀岡尚子訳［二〇〇二］、『発想する会社！――世界最高のデザイン・ファームＩＤＥＯに学ぶイノベーションの技法』（早川書房）。

(49)「シリコンバレーを世界一にした『デザイン思考』の真髄」『日本経済新聞』、二〇一六年四月三〇日。

(50)ナレッジ・フォーラムでの池谷裕二教授の講義(二〇一六年四月九日)。参考文献として、池谷裕二[二〇一三]、『単純な脳、複雑な「私」——または、自分を使い回しながら進化した脳をめぐる4つの講義』(講談社)。

Ⅲ　エピローグ——再び井深の歴史的再解釈を確認する

過去から未来を創る

本書は井深大の伝記でもある。伝記とは過去を語ることである。しかし、本書の意図は、ノスタルジックに過去に浸ることではない。昔の東京通信工業はすごかった、井深と盛田が現役でリードしていた時のソニーはすごかったと言っても、何も始まらない。確かに本書は井深大という人間の過去を探求する書であるが、同時にわれわれの未来を考える書でもある。クローチェの「すべての歴史は現代史である」という言葉や、E・H・カーの「歴史とは過去と現在との対話である」という言葉が示すように、歴史を辿っている人は現代に生きているのであり、過去は現在と照合されて絶えず再構成され、読み替えられて変容していくことになる。

われわれは過去の出来事を変えることはできないが、物語を語り直すことによって、過去の出来事を再構成することが可能なのである。つまり過去は変えられないが、未来は変えられる。こうしようと思う意志があれば、未来は変わる。したがって、われわれが過去の何を語るか考えるためには、われわれは現在を考え、未来をも展望しなければならない。だからこそ、井深の過去を今、探るためには、日本の現状を鑑み、その未来のためには何が今の日本には必要なのかを考えないといけない。そこから井深の人生のどこに光をあてないといけないかを考えないといけないのである。

イノベーションのダイナミズムに欠ける日本

今、時代は井深、盛田が活躍した頃と大きく変わった。品川と五反田の間にある御殿山と呼ばれる土地、そこは、かつて、ソニーの工場やビルが数多く並んだためにソニー村と呼ばれていた。しかし、今はそこにソニー村の面影はなく、かろうじて、ソニー3号館と呼ばれる建物など、ソニー関連の建物が少しだけ残っているだけである。今ではそこに豪華なマンションが建てられている。マンションの一角には、今、非常に人気の高いフレンチレストラン、カンテサンスが入っている。予約を取るのは極めて困難。しかし二万円のディナーを楽しみに多くの人が御殿山を訪れるという。彼らのうち、どれだけが、このレストランが井深が盛田らとともにエンジニアが夢を追求する理想工場の建設を開始した場所にあるということを知っているだろうか。

人気のフレンチレストランといえば、かつてのマキシム・ド・パリがそうだった。マキシム・

ド・パリは一九六六年、フランス・パリの有名レストラン「マキシム」の支店として銀座、ソニービル地下三階にオープンした。立ち上げたのは当時のソニー社長、盛田だった。それは新しいライフスタイルを提供する大人の社交場であり、日本では珍しかった本格フランス料理を提供する店だった。料理に加えてデザートのいちごのミルフィーユは大人気となり、マキシム・ド・パリは日本におけるフランス料理の代表的存在だった。しかしマキシム・ド・パリも、二〇〇六年にはソニー本体から切り離され、その九年後、二〇一五年には四九年の歴史を閉じた。

御殿山にあるかつてのソニー村で、今でも井深、盛田らソニーのオリジンにふれられる場所が唯一ある。旧ソニー村に残る数少ないソニーの施設であるソニー3号館を背にして例の豪華マンションを右手にみながら坂を登っていくと、坂を登りきったあたりに小さな二階建ての建物がある。建物には「井深会館」というプレートがつけられている。一階はソニー歴史資料館で、ソニーの代表的な商品、約二五〇点が展示されている。日本初のテープレコーダー「G型」に始まり、数多くのウォークマンなど展示されている商品をみると、改めてソニーの革新性に圧倒される。それらは、「人のやらないことをやる」という井深のチャレンジ精神の賜物だった。ソニー・スピリットの原点と言われる設立趣意書も、モルモット論争を契機に社員から送られたモルモットも、ソニー歴史資料館には展示されている。そして、「ソニーとは何か」について語る、創業者の井深、盛田のビデオメッセージもみることができる。ソニー歴史資料館では、井深と盛田がつくり上げて、世界的にユニークな革新的企業となったソニーの、輝かしい姿をみることができる。

しかしソニー歴史資料館から一歩外に出ると、厳しい現実がある。かつて井深が決死の思いで成功へともたらした、美しいトリニトロン・カラーテレビで世界を驚かせたソニーは、ブラウン管から液晶にディスプレイが替わる中でテレビの世界で競争力を失った。今やそこで圧倒的な競争力を発揮しているのは、サムスン、LGなど韓国メーカーである。もっと簡単にステレオ音楽を楽しみたいという井深の希望から開発がスタートしたウォークマンで、いつでもどこでもステレオ音楽を楽しむという新しいライフスタイルを生み出したソニーは、この分野でも今やアップルに比べると影は薄い。しかしかつてと比べ国際的な存在感が薄いのは、ソニーに限らず日本のエレクトロニクスメーカー、すべてにあてはまることでもある。かつてトランジスタラジオ、テレビで世界を圧倒した日本エレクトロニクスメーカーの国際競争力は、もはや失われてしまったかのようだ。

戦後間もない一九四六（昭和二一）年五月、資本金一九万円、従業員数約二〇名の小さな会社としてスタートしたソニー。井深、盛田は事業の拡大に必要な資金繰りに苦労しながらも、テープレコーダー、トランジスタラジオの開発と、挑戦を続けた。当時のソニーと比べれば、日本企業は今、財務的にはるかに恵まれた状態にある。

日本企業が投資に回さず内部に留保する利益剰余金は一九九八年度以降急激に増加し、今や日本では、家計をしのぎ企業が最大の貯蓄主体となっている。今の日本経済で深刻な問題は、未来

藍綬褒章を受章、机の上にあるのが社員からお祝いとして贈られたモルモット像　1960年　52歳

創造に向けた投資に企業が積極的ではないことである。円安で為替損益がプラスに出ても、それを使わないのであれば成長戦略の実現はありえない。かつて井深がリードしたイノベーションを通じたダイナミックな成長モデルが、今の日本にはみられないのである。

井深の時代と比べれば、日本人の間で経営リテラシーもはるかに高まっている。ＭＯＴ(Managemnrt of Technology)という、井深の時代には存在しなかった、技術を競争優位に活かすディシプリンも生まれた。従来の金融機関に加えて、ベンチャーキャピタル、クラウドファンディングなど、資金調達の方法も多様になっている。しかし、それにもかかわらず、イノベーションへの熱意が高まらない。未来への挑戦、自分のやりたいことを、まわりを説得しながらがむしゃらに実現する。そのようなエネルギーが今の日本企業の多くには感じられない。

資金繰りに苦労し、増資のために野村胡堂に頭を下げ、それを使ってイノベーションへの挑戦を続けた井深。もし彼が生きていたならば、このような現在の日本企業の実情をどう思っただろうか。このような現状を打破するために、日本企業のイノベーションの力をなんとかして高めないといけない。そのためには、イノベーションにとって何が大事なのかを改めて再確認しないといけない。

今の日本の現状を考えると、井深の人生は、イノベーションにとって何が本質的なのかという観点から再解釈されるべきなのである。そしてそれは、「人間ということ」をあらゆることの基盤に置いて生きることであったことを、井深の人生は教えている。人間とは何か、人間は何をしないといけないのか、人間としてどう生きないといけないのか、人間として何を大事にしないといけないのか。このような問いかけへの回答を模索する中で、未来創造が実現する。

人間を幸せにすることを究極に目指した企業活動

今まで井深は、数々のイノベーションを率いた「偉大なる技術者」として評価されていた。実際に今回の「日本の企業家」シリーズ発刊の案内でも、井深は「世界初の革新的商品を創り出し続けた戦後を代表する天才技術者」と紹介されていた。しかし、本書で描き出された井深とは、技術を追求する人というよりも、喜び、苦しみが様々にある中で、生きることに希望を失わず、常にそこに喜びを求めるという人だった。人々との出会いを通じて成長し、真摯に生き続けた、人間そのもの、人間とは何であるかをその人生を通じてわれわれに教える人間としての井深だった。世界初の革新的商品を創り上げるためには、技術というよりも人間として真摯に、誠実に生き続けること、人間としてのあり方が問われるということを井深の人生は示唆している。

新しいことに挑戦し続けた井深の原点は、人間の幸せを考えたことにあった。

井深は一生の親友、本田宗一郎の人生を、「会社のことだけでなく、広く世の中のことや、みんなが上手に幸せに暮らしていけることをつねに考え、ほんとうの意味での『真理』を自分のできることで実行し、一生を貫いた存在だった」と語っていたが、(1) それはそのまま井深の生き方そのものだった。彼がテープレコーダー、トランジスタラジオ、トリニトロン・カラーテレビに死に物狂いで取り組んだ土台には、「多くの人に喜ばれるもの、多くの人を幸せにするもの」をつくり上げたい、人間の幸福のために貢献したいという井深の強い思いがあった。そしてまた日本をよくしたいという強い思いがあった。東京通信工業設立趣意書の前文は、次のような言葉で締めくくられていた。

われわれの心からなる試みが、かくも社会の広範な層に反響を呼び起し、発足より旬日《しゅんじつ》を経ずして新会社設立の気運に向かったことに対し、われわれは言い知れぬ感動を覚える。それは単にわが社の前途に赫々《かっかく》たる発展飛躍を約束するばかりでなく、われわれの真摯なる理想が、再建日本の企業の在り方と、図らずも一致したことに対する大いなる喜びからである。

私は決して偏狭な愛国主義者ではない。世界の中で生きる、世界とともに生きるというのが、私の哲学である。しかし、自分が日本に生まれたからには、日本が世界の中でどう発展し、世界にどう貢献できるかという思いなしに、自分は生きられないとも考えている。世界とともに生きようとするからこそ、日本の発展、日本の世界への貢献を考えようとする思想である。だからこそ、私は井深の生き方に共鳴する。

井深の考えは、事業の創造や発展に何が最も大切なのかということに関して、われわれに真摯な反省を求めている。事業の成功のためには、優れた戦略の構築が不可欠と言われている。その通りだろう。戦略論は、企業が持続的な収益を上げるためには、コストリーダーシップ、あるいはユニークな商品特性によって、差別化を徹底することが大事だと教えている。また、そのような商品を購入してくれる顧客をチョイスすることが、よい戦略決定の大前提とされている。こうした考えの根底にあるのは、持続的な経済的収益の獲得である。戦略論の大家マイケル・E・ポーターは近年、企業活動と社会的課題の解決の連動を目指すCSV（Creating Shared Value）というコンセプトを提唱しているが、その根底にあるのが企業収益の持続的な成長にあるという点では、本質的に彼の考えに変わりはない。

しかし、ソニーにおいて数々のイノベーションを実現した井深の人生を振り返ると、経済性以上に、あるいはそもそも経済活動の大前提に、人間の幸福に貢献したい、人々に喜びを与えたいという、より大きな大義が存在していたことがわかる。考えてみれば、人間の経済活動は人間の幸福のために貢献しないといけないのだから、これは当たり前のことである。しかしこの当たり前のことが、おろそかにされているのではないだろうか。

人間を幸福にする、社会の発展に貢献する。このような使命は、現代の企業でも企業理念や「ウェイ」（企業の生き方）でも謳われている。だから人間の幸福を第一に考えよなどという議論は全く新しくない、付加価値がない。このような反論が出てくるかもしれない。しかし、人間を幸せにしたい、そのために生きたいという思い、覚悟には、井深の時代と今の時代とでは、比較にならないほどの違いがあるのではないだろうか。井深は人が人を殺し合う戦争を経験していたのである。軍需に携わる中で、人を殺し、人の血を流すことに技術が使われることを井深は嘆いていた。人を殺していることに加担しているという思いもあったかもしれない。しかし、生活のためには軍需にも対応しないといけなかった。彼には家族があり、生活を支えなければいけなかった。戦争が終わり、平和な時代が訪れ、先述のように技術者として自分の人生をかけて「ほんとうに勝負できる」日が来るのを待っていた。「ほんとうに」という言葉は重い。軍需に携わっているのは、彼本来の「ほんとうの」生き方ではなかったのである。

井深が自分と生き方も考え方も共通だと考えていた本田宗一郎が、経営者の間での徳川家康ブームを批判したことを井深は、「たったひとりの英雄を生かすために、多くの人を犠牲にするのが当たりまえの時代の話が、現代の経営学の参考になるなんてとんでもない、というのが、本田さんの言いたいこと」と説明していた。(2) 多くの人を殺した人を英雄と考えてはいけないと本田は考えた。悲惨な戦争を体験していた井深、本田が、人間を幸福にしたいと言った時、そこにはとても深い、切実な思いがあったのである。終戦直後に書かれた東京通信工業設立趣意書には「社会的使命の実現」が謳われている。一九四六年一月、終戦から五ヵ月後に、井深はどのような思いでこの言葉を書いただろうか。

このような話をすると、戦後、七二年を経過して、日本は長い間、戦争を経験していないから仕方ないと言った、言い訳、擁護の声が発せられるかもしれない。しかし、われわれはたとえ日本の地で生きているにしても、世界から孤立して生きているわけではない。われわれは世界とつながって生きている。近年の「America First」を唱えるトランプ大統領の就任以降、世界は内向きになっているが、世界がつながっていることを誰も否定できない。そうであるならば、われわれはシリアでの戦争、アフガニスタンの内紛、世界各地で発生するテロを、他人事のように見過ごすことはできないのである。日本で、他国で起こったテロ、事故が報道される時、「幸い、日本人は被害にあいませんでした」と報道されることが多い。確かにそれは事実なのかもしれないが、日本人が被害者に含まれていなかったからといって、安心してはいけないのである。

人間への愛が事業の土台に

井深と盛田が世界へ挑戦したのも、人間の幸せを考えるという観点に立てば不思議なことではない。そもそも、世界のどこに住まおうとも、人間であることに違いはなく、その幸せを日本だけに限定して願うのは本質的におかしい。井深も盛田も、英語がほとんど話せなかったにもかかわらず、果敢にアメリカに渡った。

井深がアメリカに初めて渡ったのは一九五二（昭和二七）年、終戦から七年しか経過していない時のことである。盛田は急速に英語の力を高めたというが、一九六三（昭和三八）年には家族を連れてアメリカに渡った。巨大市場アメリカで成功するためには、アメリカの生活を実際に経験しないといけないと考えたからだった。世界とともに生きる国際人としての自覚である。

本田宗一郎は「わが社は世界的視野に立ち、顧客の要請に応えて、性能の優れた、廉価な製品を生産する」とホンダの社是に謳った。ここで言う「世界的視野」とは、海外進出を意味していたわけではなかった。本田は一九六〇年に次のように語っていたのである。

> 我々の社是に、第一番に世界的視野に立って、ということが書いてあります。世界的視野に立って……これが、何を意味するかっていう、世界一なものを作れということじゃないです。私の意図するところは、世界的視野ということは、日本人だけに分かっていて、あとの人には分からんでもいいんだ、ということじゃなくて、国境を越えて、人種を越えて、どんなとこへ

行ってもそうなくちゃならない。いつ誰がどこで考えてもそうだ、と言われるような理論というものを持つべきことだということを、世界的視野、と私は表現したんです。これは大事なことです。言葉も通じない、そういうとこへ行っても、我々が日本人として、いわゆる、もっと大きいなら、世界人としてプライドを持った生活ができるということ、これは人間であるということなんですよ。平等に見る精神の人間であるということに尽きると思うんですね。そういう意味で、私は、この世界的視野に立って、ということをこの社是に謳った訳なんです。このことを、一つ是非考えてもらいたいと。(3)

日本、日本人のことだけを考えて仕事をするのではなく、世界で通用するものを生み出してほしい。そうした姿勢が本質を追求するモノづくりを実現し、その結果、商品も世界で通用する。人間の幸せのために貢献したい。そういう思いがあったならば、事業活動は必然的に世界に広がっていく。

それが井深、盛田、本田に共通な考えだった。それに対して、今はどうだろうか。日本は人口減少国で市場として魅力はない、だから海外に挑戦しよう。このような浅はかな議論が最近の日本では多くないだろうか。

世界に視野を広げ、人間を不幸に陥れている事態に目をつぶらず、人々を幸せにしようと努力する。その結果として、人々を幸せにする製品、サービスの提供が実現される。それこそがグローバルな事業展開の大前提であることを、井深の人生はわれわれに教えている。井深は次のように語っていた。

これからの時代に求められるのは、与えられた仕事をコンピュータのようにきちんとこなす左脳人間ではなく、新しいことを発想できる右脳人間、しかも人柄もりっぱで、人間の幸福をいつも考えている右脳人間である、というのが私の持論なのです。(4)

人間のことを思うこと、専門知識がない素人である消費者が使う一般商品は、開発にあたってはまず親切さが大事であること。つまり人間への愛が事業の土台にないといけないと井深は考えていた。だからこそ、井深は本田の考えを紹介しながら、「技術よりもたいせつなのは人間の思想であって、考え方がしっかりしていれば、技術はあとからついてくるということも、言っておられました」と記していた。(5) 事業創造に問われるのは人間の思想であり、生き方だったのである。

他者との協働の喜び――人間社会の本質

企業活動は人々の連携を通じて価値創造を行う。したがって、人々との協働の喜びなき組織に、未来は創造しえない。

井深の人生は、「各人が一番得意なものに全精力を打ちこんで人に惜しみなく与え、自分の欠陥は人に補ってもらうというのが、道徳教育の基本」[6]と語った本田の言葉がそのままあてはまる。他者との出会いが井深を成長させ、また自分にない能力を持った人々を、年齢やバックグラウンドの違いにこだわらず受け入れることにより、自分一人ではできないことを井深は達成した。まさに他者との協働の喜び、他者との人間的結合こそ、人間社会の本質であることを井深の人生は示している。「やはり人間というのは、働く喜びというものを追求しなくては嘘だろうと思います」と井深は語っていた。[7]

「人格的に結合」「堅き協同精神」「志を同じくする者が自然に集まり」「発足に対する心構えを、今さら滔々《とうとう》と説明する必要もなく、長い間みんなの間に自然に培われていた共通の意志に基づいて、全く自然に滑り出したのである。（中略）各人は、その規模がいかに小さくとも、その人的結合の緊密さと確固たる技術を持って行けば、いかなる荒波をも押し切れる自信を持って、大きな希望を持って出発した」。このように東京通信工業設立趣意書には、志を同じくする人々との協働を喜びとする言葉が数多く並んでいる。そして井深にとって他者との協働生活で最たるものは、盛田との協働生活だった。

盛田は代々続く、由緒ある造り酒屋の跡取りであり、大阪大学を出て海軍に入った超エリートだった。そのキャリアは、井深のそれよりもはるかに輝いていた。敗戦によって海軍のエリート軍人であったことにはあまり意味はなかったかもしれない。しかし盛田は井深を終生慕い、尊敬

腕相撲をする盛田昭夫（40歳）と井深大（53歳）　1961年

した。一九八六（昭和六一）年、井深が勲一等旭日大綬章を受章するお祝いの会に出席するために、ワシントンからニューヨークにソニーの社用ジェット機で向かった盛田は、濃霧のために時間を相当ロスして、しかもＪＦＫ空港ではなくラガーディア空港に到着。すると彼はすべての荷物を放り出し、身一つでタクシーに飛び乗り、かろうじて日本行きのフライトに間に合ったという(8)。井深七八歳、盛田六五歳の時である。初めて出会ってから四一年の月日が経っても、二人の間には深い絆があった。一九九三年に病に倒れ、一九九五年からハワイで療養していた盛田は、一九九八（平成一〇）年一月二一日に東京で執り行われた井深のソニーグループ葬には出席することができなかった。盛田の夫人が代読した盛田のメッセージには次のように記されていた。

戦争中、あなたに初めてお逢いして五〇余年。二人で会社をつくって五一年。苦しいときも、楽しいときもいつも二人一緒でした。今、二人は別れ別れになってしまいましたが、これからは、井深さんは新しい世界から、私はこの世の中に、今しばらくとどまって、次の世代の若者が、どのようにこの難しい世の中を乗り切ってゆくかを、じっと見つめてまいりましょう。（中略）

そして私は、今あらためて、私にこんなにもすばらしい人生を与えてくださった井深さんに、心からお礼を申し上げます。

井深さん、本当にありがとうございました。(9)

近年、井深―盛田、さらには本田―藤澤のような、相互の信頼関係を土台に、お互いが補い合い、深い絆で強く結ばれたトップ・マネジメントチームの存在が聞かれないのは、なぜなのだろうか。

もしかしたら、そのようなトップ・マネジメントチーム（ペア）は実際に存在しており、私が知らないだけなのかもしれない。しかし、井深―盛田、本田―藤澤のような、双方の、シンセシス、シナジーなくしてはイノベーションを実現しえなかったような深い友情に支えられたトップ・マネジメントのペアは、最近、珍しいといっても過言ではないだろう。

人間は一人では生きられない。人間として真摯に生きようと思ったら、つまり生まれたからには、人類の進歩に貢献しようと思ったら、他者とつながり、自分一人ではできないことを達成するしかない。そして他者の独立した個を尊重し、お互いに成長する関係をつくらなければならない。それが人間社会の本質であり、それは井深が活躍した時代も、今も変わることはない。

喜びと悲しみ、苦しみにあふれた人間の人生

井深には一般的に偉大なる稀有な技術者というイメージが強い。しかし、彼の人生を追っていくと、人間の愛と、人間同士の間で生まれる苦しみの中でひたすら真摯に人生を歩み続けた井深という人間の姿が浮かび上がってくる。井深は、まさに人間の人生の素晴らしさと苦しみを一身に背負って生き続けた人間、という姿が見えてくる。変な言い方であるが、井深の人生こそ、喜びと悲しみ、苦しみにあふれた人間の人生そのものだった。

井深は家庭的には決して恵まれた人生を送ったわけではない。父親を二歳の時に亡くした。彼は父親代わりになる人を求め、それが野村胡堂や前田多門など、東京通信工業設立にあたって極めて重要な役割を果たした著名人、社会的に影響力ある人々との交流を生んだ。井深の最初の妻は前田多門の次女だったが、二人の結婚生活は幸せに満ちたものとはならず、一〇年近い別居期間を経て離婚している。二十数年連れ添った上での離婚だった。井深は最初の妻との間に三名の子供をもうけたが、次女の多恵子には障害があった。井深は、家庭人としては決して平坦な道を

歩んでいない。家族との絆をとても大事にしつつも、それは必ずしも井深の思うようには実現はしなかった。しかしそれに井深は悲嘆することなく、理想を求めて動いた。

どのような悲しみ、苦しみに直面しようとも、井深は人生に、運命に絶望せず、人間の可能性と幸福を追求し続けた。終戦直後の荒廃した時代の中で書かれた設立趣意書にも希望と明るさがある。「愉快なる理想工場の建設」。第二次世界大戦の終戦から間もない一九四六年一月に書かれた東京通信工業の設立趣意書は、敗戦という逃れられない断絶に対するこだわりよりも、未来への希望に満ちている。それは高揚した気持ち、夢と希望に満ちあふれていた。新しい社会をつくっていこうと燃えていた井深の姿が東京通信工業の設立趣意書の背景に見えた。

常に人間を愛し、人間そのものをピュアに求め続けた人。それが井深大だった。そしてそれこそ、社会に大きな価値を提供し、世界の発展に寄与するイノベーションの本質的な原動力だということを、井深の人生はわれわれに教えているのではないだろうか。イノベーションが求められているのは、エレクトロニクスメーカーだけではない。AI（Artificial Intelligence：人工知能）の活用が進む中で、みずからの五感を働かせて知識を創造し、イノベーションを実現することこそ、人間の使命であることがますます強く認識されつつある。

井深の人生は、イノベーションの本質こそ、人間の愛であることをわれわれに教えている。技術でもなく、発明の才ではない。人生に失望せず、ピュアに人を愛し続けることなのである。それが井深大その人であり、ここに井深の人生に学ぶ今日的意義がある。

（1）井深大［二〇一〇］、『わが友 本田宗一郎』（ごま書房新社）三五ページ。なお初版は一九九一年、ごま書房刊。
（2）同前一〇九ページ。
（3）出典：http://www.honda.co.jp/sustainability/report/pdf/2013/2013-03.pdf 原典は一九六〇年テープ「従業員対象 欧州土産話（鈴鹿製作所）」。なお、「世界的視野」は後に「地球的視野」に変更された。
（4）前掲『わが友 本田宗一郎』一一八〜一一九ページ。
（5）同前二二六ページ。
（6）同前二二四ページ。
（7）同前六一ページ。
（8）森健二［二〇一六］、『ソニー 盛田昭夫――〝時代の才能〟を本気にさせたリーダー』（ダイヤモンド社）四七八〜四七九ページ。
（9）『Family』故 井深大ファウンダー・最高相談役追悼特別号（一九九八年四月、ソニー株式会社発行）六二ページ。

第三部
人間像に迫る

「自由闊達にして愉快なる」

穏やかさに秘められた激しい情熱

I

井深大と本田宗一郎をめぐって――野中郁次郎×一條和生

編集部注――この対談は二〇一七年五月一五日に行われた。なお、本田宗一郎氏に関して、姓の「本田」で表記した場合、会社名の「本田（技研工業）」との判別がしにくい場合があるため、「宗一郎」という名のほうでの表記を意図的に使用している場合がある。一方、井深大氏に関しては「井深」という姓のほうがわかりやすいため、姓を優先して表記している。姓と名の表記のどちらを優先するか、異なっているのは主にそのような事情による。

対極にして同質の存在

一條　今回、井深大さんについて執筆し、あらためて感動したのは、彼が事業やマネジメントの根本に「人間」を置いていたことです。人間とは何か、どんな存在なのか、人々を幸せにするにはどうしたらいいのか、井深さんはいつも頭の中心にそのことを置いていたのではないかと痛感しました。

今回の「日本の企業家」シリーズで野中先生が書かれた本田宗一郎さんも、その点は同じだと思います。ただ、面白いことに、二人は一見したところまるで対極の存在でした。本田宗一郎さんはネアカ、お酒も女性も好き、ジョークで人を笑わせるのが大得意でしたが、かたや井深さんは謹厳実直なクリスチャン、無口でお酒は一滴も飲まず、浮いた話もない。そんな二人が強い絆で結びついていたわけですから、不思議なものです。本文にも書きましたが、二歳年上の本田さんのことを井深さんは「かけがえのない兄貴、尊敬してやまない先輩、なんでも言い合える仲、またとない友」だと言っています。まったく違うタイプだからこそ、それこそ互いに磁石のように惹きつけられたのでしょうね。

人間尊重とか幸せの追求などと言うと、青臭い話だと笑われそうな昨今ですが、企業をはじめ、あらゆる組織は人間によって成り立っています。人間が運営し、人間の幸せのために存在するわけです。青臭いなんてとんでもない。そんな当たり前のことをしみじみ考えながら、この本を書いていました。

野中　「人間とは何か」を考えると、生き方の問題に行きつくわけです。井深さんも本田さんも明治の生まれで、二人とも戦場には行かなかったが、あの世代は戦争真っ只中を生きた人たちだから、人間とはどう生きるべきかを自然に、そして深く考えざるをえなかったのではないかという気がしますね。

一條　井深さんで言えば、太平洋戦争末期、勤務していた日本測定器が軍需工場化していくわけです。そういう人殺しの兵器をつくり出す工場で働くのは、本来の自分の生き方ではないと思っていたので、戦争が終わった時、これからは正々堂々、自分本来の生き方が追求できるという強い喜びを感じたようですね。

かたや宗一郎さんは戦後、経営者の間で徳川家康ブームが起こった時、「人をたくさん殺した人間を英雄視するのはおかしい」と言って批判していますね。人間の貴さ、命の大切さを、二人とも深いところでわかっていたのでしょう。理屈を超えた実感として。

野中　「生き方」というものを考えると、何のためにこれは存在するのかと、あらゆる物事の「意味」を問うことになる。二人とも優れたエンジニアでありサイエンティストだから、当然、合理的かつ分析的な思考に長けていますが、一方で、二人とも「哲学者」でもあったと思うわけです。何のために研究をするのか、何のために車をつくるのか、と、物事の意味や価値を真摯に問いつめていた。

井深さんは敬虔なクリスチャンだから、そういう思考は得意だった。本田さんはそういった意味の宗教心はなかったようだが、子供の頃、講談物を少年向けにやさしく書いた立川文庫を読みふけり、何がよいことか、何が正しいことなのか、という倫理観、道徳観を人一倍、持っていました。

一條　井深さんが面白いことを言っていますね。「本田さんも自分も技術という面でいえば専門家でもなく玄人でもない、ただの素人だ」と。しかも、その技術より大事なものがあって、それは思いやアイデアであると。

野中　いい言葉ですね。実は知らなかったのですが、井深さんはあの新渡戸稲造と関係が深かったんだね。

一條　はい。実父が新渡戸の門下生であり、義理の父が新渡戸の四天王の一人でした。井深さんの中でキリスト教の倫理観と武士道の禅が融合していたのではないかと推察できます。

しかも、実父の父親、つまり祖父が会津朱雀隊の生き残りなのです。明治政府では立派な役人として働きました。その息子、つまり井深さんの父が東京工大に進み、古河鉱業に入り、早くに亡くなってしまう。一方の母親は北海道の郵便局長の娘です。その家が所有していた土地が値上がりし大金持ちになったので、はるばる東京の日本女子大に娘を通わせたというのです。当時ではすごいことです。そんな才媛が井深さんを産み、英才教育を施したわけです。宗一郎さんが熱心に読んでいた立川文庫は、母親から「読んじゃ駄目」と禁止されていたそうです（笑）。

野中　本田さんは腕利きの鍛冶屋の息子で、いたずらばかりの腕白坊主。お互いのバックグラウンドがこれほど違うのに、目指したものが似ていたというのは面白い（笑）。

一條　傑作なのは、二人とも子供の頃、アメリカ人、アート・スミスによる飛行機の曲芸飛行を見に行っていたことです。本田さんは親に黙って自転車に乗って出かけ、お金が足りないから近くの木によじ登って見ましたけれど、井深さんは祖父に連れて行ってもらい、正規の客として見ているわけです。

野中　偶然というか、運命的な必然というべきか、いずれにせよ愉快になるエピソードだね。

性格が違ったそれぞれのパートナー

野中　ところで、本田さんと井深さんについて語るとなると、やはりそのパートナーについてもふれておく必要があるでしょう。私のほうの著書『本田宗一郎』でも、藤澤武夫について、少なからずのページを割きました。

井深さんには盛田昭夫さん、本田さんには藤澤武夫さんという、かけがえのないパートナーがいた点も共通しています。だから、このパートナー関係はしばしば並べて語られることが多い。技術と経営を、二人が分担して成功したという点でも、たしかによく似ています。

しかし、ここで従来言われていない指摘をしてみたいと思うのです。つまり、この二つのパートナーの性格は、少し違ったのではないかと。

藤澤さんはホンダの営業とマネジメントを一身に引き受け、技術開発とモノづくりに特化した宗一郎の脇役に徹しつつも、ここぞという時は、宗一郎に対して激しい「知的バトル」をしかけた。宗一郎の判断が間違っている時は、遠慮なく、「違う」と言った。有名なのは、空冷・水冷エンジン論争だが、空冷にこだわった宗一郎に対し、水冷を推す若手の立場に立って、ついには引導を渡したわけですね。

一方の盛田さんは、藤澤さんのような対立項として存在するのではなく、井深さんを脇でサポートする感じじゃなかったかな。

一條　それは面白い指摘ですね。盛田さんは井深さんより一三歳も年下だったという事情も影響しているでしょうが、出会った時から井深さんの人間的魅力に惹かれ、井深さんがやりたいことを実現させたいという思いが強かった。対立項というより絶大なる信奉者という感じですね。

私もこの本を書く前までは、ソニーというと実は盛田昭夫さんの印象が強かったんです。一世を風靡した『MADE IN JAPAN』という著書もありますし、見た目の風貌もスマートで国際的ですから。しかし、本書のために材料を集めてわかってきたのは、ソニーをつくり上げた立役者は、やはり圧倒的に井深大さんなんですね。何しろソニーの原点である東京通信工業の設立趣意書を書いたのが井深さんなのですから。

野中　そう。そしてそこ（設立趣意書）に、ソニーの根本の哲学が凝縮されていると言っていいでしょうね。

一條　井深さんがつくり、進化させた。それがやはり「ソニー・スピリット」の根本だと思いますね。ただ、井深さんがいるうちはソニー・スピリットも健在だったのですが、離れていくに従い、だんだんと薄れていったという面があると思います。ご承知のように、ソニーは一時非常に低迷しました。私はソニーの内部で仕事をする機会が定期的にありましたが、やはり業績が低迷しているときは、設立趣意書もハイライトされなくなっていたという印象があります。その点は、ホンダという会社のほうが、宗一郎さんがつくり上げたフィロソフィーが脈々と息づき、続いているという気がしますが、いかがでしょう？

野中　本田宗一郎と藤澤武夫さんの関係は二人で一人だった、ということが、ホンダという会社にフィロソフィー継承をしやすくさせている面があるのではないかな。あの二人は、互いに両極の存在だったから、知的バトルが成立した。井深さんと盛田さんの場合、そこまで極が異なってはいなかったので、知的バトルにまでは至らなかったような印象を受けます。

一條　宗一郎さんと藤澤さんは同時に辞めているんでしたね？

野中　その点も稀有の例であり、稀有のパートナーでしたね。藤澤が辞めると知った瞬間、宗一郎も「それなら私も（社長を）辞める」と言った。

一條　井深さんと盛田さんは違いました。井深さんが徐々にリタイアし、盛田さんが社長を引き継ぎました。もちろん、一三歳の年齢差を考慮しなければならないとしても。

野中　その比較をしておくことは、両者のパートナーシップの本質を見極めるという意味においては、意外と重要かもしれませんね。もちろん、どちらが良いとか悪いとかを簡単には言えません。どちらも大きな成功をおさめたパートナーシップなのですから。しかし、違いをはっきりと認識しておかなければ、学ぶべき点を見誤ってしまいます。
たぶん本田宗一郎はもう少し社長をやりたかったのだろうと思う。でも「お前が辞めるなら俺も辞める」と。

一條　本田宗一郎さんと藤澤さんは文字通り、経営者として一体化していたわけです。井深さんと盛田さんのコンビは、今から振り返ってみれば、一体化していなかった……、少なくとも、本田・藤澤さんと比較してみた場合、そこまでの一体化はしていなかったといえるでしょう。実際、盛田さんが後を継いだわけですから。

野中　井深哲学と盛田さんには、少しのずれがあるような印象を受けます。本田・藤澤のような、両極だからこその知的バトル、葛藤が起きる、という関係とは異なっていた。極が違わないと、葛藤やぶつかり合いは起こらない。井深・盛田は、サポートし、サポートされるタイプのパートナーシップだった。だから、井深さんの後、ソニーは盛田イズムへと移行していったのではないだろうか。井深さんの後のソニーのトップは、井深さんのような哲学者、人格者というよりり、盛田さん含めショーマンシップに長けているような人が多い印象がある。少なくとも、ずいぶん格好良い人が多い（笑）。格好良さと哲学の深さを両立させることは、そうとう難しい命題でしょう？（笑）

音と音楽は違う――科学と芸術の対立

一條　そうですね（笑）。たしかに井深さんが掲げていた、「みんなを幸せにするものをつくりたい」という商品開発の原点が薄れていった時期が、あったと感じます。トリニトロン・カラーテレビを開発する時、井深さんはこう言っていたのです。「人々が夕飯を食べながら見られる明るいカラーテレビを作ろうじゃないか」と。先に技術ありきではなくて、一番最初にあったのが「夢」であり「ビジョン」なんです。

野中　そこは非常に重要な点で、井深さんはその名の通り、「深さ」を感じますね。

一條　深いと言えば、井深さんは後半生で東洋医学や気に傾倒しましたから、批判めいた口調で「神がかってしまった」とよく言われたんです。しかし私に言わせると、それは的外れです。彼は優秀なエンジニアですから、近代合理主義の限界をよくわかっていた。それだけでは人間の本質を解き明かせない、と痛感していたからこそ、東洋医学に興味を持ったんだと思います。ニュー・パラダイムという言葉もよく使っていました。ポストモダン用語で、それこそ「デカルトを超えて」という意味です。

野中　心身一如というわけですね。ある意味、サイエンスの前に人間がいる、というアンチサイエンスの発想。本田宗一郎さんも、会社を退いてから、大まじめで人魂《ひとだま》研究をやっていたんだから、そこも似ている（笑）。

一條 井深さんは音楽のデジタル化に反対したんです。これまでの文献では、アナログ人間の井深さんは新しい変化に対応できなかった、という批判的な例に挙がっているようですが、彼の書いた文章を素直に読むと、その批判は当たっていないと思います。井深さんは盛んにこう言っているんです。「音と音楽は違う」と。デジタルのエンジニアが追求しているのは音の質だけで、音楽というのはそれだけではない。背景にある豊かなコンテクストを含めて音楽であり、両方を包みこむような技術こそが人々を感動させることができるのだと。

野中 確かに音楽というアナログから音というデジタルが生まれ、その逆ではないのだから、井深さんの指摘は鋭いですね。井深さんの発想は、デジタル一辺倒に陥るのではなく、アナログと補完関係を築きながら、いかに音楽の質感を上げるか、ということでしょう？

一條 デジタルかアナログかで井深さんと対立した、ＮＨＫからソニーに移ったエンジニアの中島平太郎さんご自身が井深さんとの論争を振り返り、「芸術と科学の対立だった」と言っています。

野中 アートとサイエンス、まさにその通りですね。井深さんがいた頃のソニーのキーワードがそれで、しかしその後サイエンスに傾斜しすぎた印象があります。その中でも五代目の社長となった大賀典雄さんや、二〇〇五年に社長になった中鉢良治さんは、アートとサイエンスのバランスがよくわかっていたタイプだったと思いますが。

一條　最近のソニーはサイエンス一辺倒ではない、アートもわかるエンジニア主体の会社に変わりつつありますね。また元に戻ってきたというか。

野中　昨今、業績が非常によくなってきたのは、そういったことも関係しているのでしょうね。

今も輝きを増す設立趣意書

野中　それにしても、井深さんの書いた東京通信工業の設立趣意書を改めて読み直すとすごい。「真面目なる技術者の技能を、最高度に発揮せしむべき自由闊達にして愉快なる理想工場の建設」。最近、あの巨艦GEがシリコンバレーのスタートアップを見習っているという。日本の大企業の経営者もこの趣意書を読み直すべきでしょう。

一條　今も通用する普遍性があの文章にはあります。本書にも掲載した理由です。ところで、ソニーとホンダは戦後日本を代表するベンチャーとしてよく語られるものの、両社の発展は全く違うパターンですね。ホンダの場合は宗一郎さんの卓越した発想や技術が基盤となり、そこに藤澤さんの経営力が加わって、どんどん大きくなりました。一方、ソニーの場合は井深さんの人間的魅力が発展の原動力でした。知的なエリート官僚がそこに惹かれ、優秀なバンカーを紹介したことで、資金面でおおいに助けられた。そうしたサポーターがいなかったら、東京通信工業はすぐに潰れていたと思います。ベンチャースピリットあふれる魅力的な人間を選良たちが応援し、支えたわけです。戦後日本を代表する企業でいえば、松下電器（現パナソニック）の発展とも全く違います。

野中　そういった違いもまた、それぞれの企業の本質を見る上で面白いですね。ホンダの場合、次の発展のキーポイントをつくったのが藤澤武夫さんです。たとえば、ワイガヤを始めた。ありとあらゆるテーマを掲げ、社外に三日三晩泊まり込んで、メンバーが自分の思いをさらけ出し、何のための仕事なのか、会社は何のためにあるのか、といった青臭い議論までする場ですね。「宗一郎という一人の天才に頼る組織は駄目だ、無数の本田宗一郎を生み出したい」と藤澤さんは考えていた。ワイガヤがその場なわけです。ある時期まではそれがうまく機能し、ホンダはみごとに自律分散系組織になっていた。

ソニーも同様で、製品ごとにユニークなプロジェクトリーダーが次々と生まれました。しかしそこに効率重視、稼ぎ重視という考え方が広まり、しかもグローバルでM&Aを繰り返したものだからアメリカ流のマネジメントが入り込み、向こう流のガバナンスの仕組みがダイナミズムをそいでしまった時期があると感じます。そういう中で、だからロボットやゲーム機を開発していた面白い連中がソニーを去っていったのではないでしょうか。自律分散系を失ったという印象ですね。最近の業績回復をみると、そこもまた変わってきているかもしれないが。

一條　おっしゃるように、グローバルに成長していく過程において、ソニーは欧米流のマネジメントを次々に採り入れました。もちろん一概に悪いことではなく、ある意味、必然だったと思うし、日本を代表する革新的企業でもあったのですが、一方で、そうしたスタイルがソニー本来のよさを壊してしまったという面もあるでしょう。薬が強すぎて、効くはずのものがかえって人体に悪影響を与えたかのように。

野中　ソニーに限らず、日本の大企業の多くが似たような過ちを少なからず犯しました。ここで思い出すのは、アメリカの海兵隊は戦前、日本軍の強みを徹底的に研究したが、それに染まることはなかったのです。自分たちの強みとハイブリッドにして、日本軍を超えていった。その教訓は今、ぜひ多くの大企業に伝えたいところです。

一條　今日においても、アメリカ企業は日本から非常によく学んでいます。ただ、自分たちの強みは忘れず保持し続ける。それに対し、日本の組織もよく学ぶのだけれども、学びすぎて自分たちの強みを忘れてしまう。

野中　そう、そこ。今の日本を考える時、実に重要な点でしょう。

みずからの長所を捨て去る愚

一條　このところ、日本企業の人事部で職務規定の明確化が大きなテーマになっています。例の「働き方改革」の流れの中で、職務を明確にすることが労働時間の削減につながる、という考えからです。

日本企業は確かに職務範囲が曖昧なところがありますが、一方で、そこが日本企業の強さを支えていることも事実です。どこの職場にも職務規定に書けない暗黙的な仕事は必ずあります。日本企業の社員は責任感が強く、そんな仕事も責任を持ってきちんとやり遂げようとします。そうした美風が職務規定を精緻化すると、失われてしまうのではないかと懸念します。二塁手も三塁手も自分の周囲ばかりみていたら、その間を抜くヒットがどんどん生まれてしまうでしょう。

野中　すでにその傾向が、様々出ていますね。

一條　逆にアメリカ企業は今、日本企業が重視してきた社員同士の信頼や共感、思いといったことに着目しています。日本企業の強さをきちんと認識し、それを自分たちに採り入れようとしているのです。一方で、当の日本企業は自分たちの強みをわざわざ壊している。皮肉な現象です。

野中　昨今、日本企業の人事はルールばかりつくっている。それがかえって会社を悪くしている（笑）。アメリカ企業はもう違った方向に歩んでいます。GEといえば「9《ナイン》ブロック」が有名で、業績とバリューという二軸の達成度をそれぞれ三段階に分け、合計九つのマスに社員をプロットして評価する。ところが、これをGEがとりやめました。シリコンバレーでも、せいぜい一～二パーセントの問題社員のためにルールをつくって統制するより、ルールは極力減らし、社員の自由に任せたほうが本人にとってハッピーだし、パフォーマンスも上がるという性善説の発想に変わってきています。今ではアメリカ企業のほうが、昔のソニーやホンダのような日本的経営を実践しているんじゃないかな（笑）。本シリーズの著書『本田宗一郎』の巻末に、宗一郎が五四歳のとき社内で行なった中堅幹部向けの講話を収録しているのだけれど、そこでさかんに「規則のない会社にしたい、規則なんかなくても愉快に働けるような会社にしたい。君たちにはそれを実行してほしい」と訴えています。

一條　今回、ホンダについても結構勉強したのですが、感動したのは、本田宗一郎が一九五六年につくった社是に「わが社は世界的視野に立ち、顧客の要請に応えて、性能の優れた、廉価な製品を生産する」と、世界的視野という言葉が入っていることなんです。世界的視野ということは、宗一郎いわく、日本人のことだけを考えて仕事をするのではなく、世界で通用するものを生み出すことであり、そうした姿勢が本質追求のモノづくりにつながり、結果、世界で通用するようになると。その根底にあるのが「人間の幸せに貢献したい」という強い思いだったはずです。冒頭の話に戻ってしまいますが、本田宗一郎も人間として生きろ、人間の幸せに貢献しろ、と言っているわけです。その人間に当たり前の常識が備わっていれば、その人を縛るルールなんていらないということですね。

コーポレートからコラボレーションへ

野中　マイケル・トマセロというアメリカ人の認知学者が、チンパンジーと人間の子供を比較した面白い研究をしています。その結果によると、同じ霊長類でも人間とチンパンジーを分かつ最大の特徴は「共感能力」の有無であるという。人間は他者に共感できるが、チンパンジーはできない。例えば、チンパンジーは猿を餌にしており、チームで狩りを行なったほうが効率がいい。人間と同じように、チームを形成できる知能がある。つまり、コーポレートができる。

そこまでは人間と同じだが、猿を捕獲した瞬間から違うという。譲り合いや分け合いをせずに、力の強いチンパンジーが独り占めしてしまう。では一方、人間はというと、成長するに従い相手を慮って共感し、獲物を仲良く共有することができる。コラボレーションができるわけです。

一條　面白い話ですね。井深大さんも本田宗一郎さんも、そういう共感をベースに社員同士をコラボレーションさせ、それこそ愉快な理想工場で、どんどん新しいものを生み出し、世界中の人たちを幸せにしたいと思っていたのです。ところが、今の日本では、ワーク・ライフ・バランスが叫ばれ会社からは一刻も早く退出しましょう、自分たちの生活を大切にしましょう、とやっているとすれば、二人が生きていたら「ちょっと違うんじゃないか」と言うのではないでしょうか。

共感し合い、同志的絆で結ばれた人同士が、一人では成し遂げられない創造的な仕事を成し遂げる。それこそが本来の企業のあり方ではなかったかと思います。コラボレーションして働くことは人間にとって大きな喜びのはずです。そこを疎かにしてはいけない。井深大さんと本田宗一郎さんの生き方から、今、そこを学ぶべきでしょう。

II　井深大語録

編集部注――この井深大語録は『Family』故 井深大ファウンダー・最高相談役追悼特別号（一九九八年四月、ソニー株式会社発行）に収録されているものを時系列で並べた。時系列で読むことで、井深大氏の創造と挑戦、と同時に変わらざる普遍についても再発見できるだろう。なお、掲載媒体の『Family』『週報』『マネジメント・ガイド』『インフォメーション』『タイムズ』はソニー社内での発行物である。なお、第一部、第二部で紹介した発言で、重要なものについては、流れが不自然になるのを避けるため、重複しての掲載を行なった。

一九六〇年代

私が社長の井深です。
よく覚えておいてください。

（一九六〇年の創立一四周年記念行事の挨拶で。当日会場受付にやって来た井深氏は、係の社員に「入場整理券はお持ちですか」と聞かれた。それに答えての一言。井深氏はこの一件をさっそく挨拶で披露。「ソニーも大きくなりました」と苦笑いし、会場は爆笑。『週報』一九六〇年五月一一日号から）

◉
◉
◉

今大切なことは、世の人々の批評によろめくことなく、正しいと信ずる道を英知ある勇気をもって驀進することであります。ソニーの運命を切り拓くのは、一つに私等ソニーマン一人ひとりであって、他の誰でもないことを知っていただきたいと思います。

（『週報』一九六一年一月四日号から）

◉
◉
◉

皆さん、「ソニーは日本のために」がんばっているのだといっても言い過ぎだとは思いません。

（『週報』一九六二年一月四日号から）

◉　◉　◉

世の人々はわがソニーのことを「世界のソニー」だと言われます。まことに誇るべきことであります。しかし、私はソニーの皆さんが世間のそのようなイメージに酔ってはならないと思います。なぜなら、今の世の中はイメージがイメージの元である本体のあるがままの姿を離れて一人歩きをする時代だからです。

（『週報』一九六二年一月四日号から）

◉　◉　◉

大切なことは、市場が要求するものをタイムリーに、そして良質のものを安く供給することであります。

（『週報』一九六五年一月四日号から）

◉　◉　◉

今日のわれわれの競争は、自分を滅ぼすための競争であってはならない。自分たちを有利に活かすための競争を探さなければならない。その競争はそんなに難しいものではない。人がやらないところへどんどん入り込んでいけば、そうした競争は実現しうる。

（日本能率協会主催の講演会で。一九六七年一月）

◉　◉　◉

今まではおとなしかったが、今後はこれを武器に暴れていきたい。

（トリニトロンの発表会で。『週報』一九六八年四月一八日号から）

◉　◉　◉

他社製品にもられた技術が一〇〇で、うちのそれが一一〇なら、仮にそれを一三〇の値段で売ろうとしたとしても十分売れる。ところが、逆にこちらの技術が一一〇でなく九〇だとしたら、これは問題である…ここは、やはり当社創立以来の伝統を貫いて、あくまでも一三〇の技術をめざし、どうやってそれを完成させるかに心血を注ぎ、工夫をこらしてほしい。

（『マネジメント・ガイド』一九六九年四月二〇日号から）

◉　◉　◉

到達不可能なほど厳しい目標も、計画的に対処すれば実現可能であったのです。たいへん飛躍的な事柄でも比較的短時間の内に完遂できることをアポロは証明してくれました。

（一九六九年七月、アポロ一一号月面着陸成功直後の『週報』七月三一日号で「アポロに学べ」と題して）

一九七〇年代

今後は会社のサイズ、量の時代ではない。まさに〝質〟そのものの時代である。二五周年を迎えたソニーの課題は、新時代に適応した〝質〟の発見、発掘である。

（創立二五周年記念式典で。『週報』一九七一年五月一三日号から）

◉　◉　◉

ビデオカラーカセットやビデオの統一問題などの面からも、ソニー打倒が叫ばれている。われわれが、これに対抗する道はただ一つ。いつの場合でも、間違いのない、いい商品を、しかも斬新な技術を取り入れて、売りやすいものを出していく、ということだ。それが、ソニーの宿命だ。

（一九七一年六月部長会同で。『インフォメーション』一九七一年六月二五日号から）

世の中はどんどん進んでいます。ソニー自体もどんどん進んでいます。しかし、その中にあって、皆さんがそれにつれて、あるいはそれを上回る進歩、成長を本当にしているだろうか、ということの反省は、私も含めて常にやらなければならないことです。

（『週報』一九七三年一月二五日号から）

◉　◉　◉

いかなる事態が起きようとも、ソニーを愛する人たちによって、このソニーは守られていくのです。そこにこそ、真の繁栄があり、日本の国益もあるし、世界中の人の文化の向上にも資することができると思います。

（創立三〇周年にあたって。『ソニーニュース』№219（一九七六年）から）

◉　◉　◉

商売にならないようなものを商売にしていくということが、私どもの進歩というか、ブレークスルーである。

（『週報』一九七七年一月一三日号から）

もしも、われわれの考えがハード一辺倒なら、明るい将来は望めないであろう。ソフトをできるだけ深く開拓することにより、世界中に入り込むことができる。

（『週報』一九七七年五月一二日号から）

◉ ◉ ◉

ソニーにしかできないことを、
ソニーがやらなくなったら、
ソニーではなくなる。

（新年のメッセージ。『Family』No.13〔一九七九年〕から）

◉ ◉ ◉

一九八〇年代

私は未熟児で生まれてきたために、自分の人生はだいたい五〇年であろうという考えで、五〇年の間に自分のやりたいことをやってしまわなければならないという観念を持っていました（このごろはちょっと違いますが……）。五〇歳というと今から二三年前、昭和三三年をメドに一つの目標としていたわけです。その間にやれるだけのことをやってしまおうというわけで、ソニーができてからも「あわてて」テープレコーダーやテープをこしらえたものです。あるいは、人よりも「あわてて」トランジスタをこしらえたのです。一つの「焦り」といいますか、そのような気持ちが心のうちにあったわけです。

この焦りは今から考えますと、決して無駄な焦りではなしに、ソニーにとってたいへん有効であったと思います。日本のどこでもこしらえていないテープレコーダーがソニーから生まれ、世界でもほとんど出ていなかったトランジスタラジオがソニーの手によって生まれました。これらは、焦りというものが非常に大きな働きをした結果だと思います。

（創立三五周年を迎えて。『Family』No.27〔一九八一年〕から）

◉　◉　◉

トランジスタなんかね、ボク自身が難しさを知らなかったからよかったと思うよね。

（創立四〇周年を記念して会長（当時）の盛田昭夫氏と対談。『Family』一九八六年五月号から）

◉　◉　◉

ここにお集まりの皆さんにもずいぶん無理難題を押しつけたのではないでしょうか。

（社内で行われた勲一等旭日大綬章の受章を祝う会で。このあと井深氏は「ですから今日は、私は自分で喜ぶよりも、皆さんが喜んでくださる方が、むしろ大きな感激です」と続けた。『Family』一九八六年七月号から）

一九九〇年代

いつの世になっても通用するのは、人のやらないことを苦労してやっていきましょうということだな。苦労しときさえすれば、その時は苦労でも、それが後になって必ずものを言うんだよね。

（創立四四周年を記念して社長（当時）の大賀典雄氏と対談。『タイムズ』一九九〇年五月八日号から）

◉　◉　◉

「かくれんぼ　尻つつかれて　飛び出して　光にあたって　びっくり反転」

（光と磁気と温度上昇の組み合わせによって実現した画期的光信号記録再生技術「アイリ

スター」の開発発表会で。難解な原理をわかりやすく説明するために記者団に披露した井深氏苦心の一首。開発の報を聞いて「胸が躍るようだ」とみずから発表会に出席。社長退任以来、井深氏がこうした席に出席するのは極めて珍しかった。『タイムズ』一九九一年二月二六日号から）

◉　◉　◉

好奇心がソニー製品を生んだというのは間違いだと思うんだよね……非常に強烈な目的意識だけはあって、それを満たすために一体何をやったらいいか、そこに独創性、創造性を入れざるを得なかったわけですよね。

（創立四五周年記念のインタビューで。『タイムズ』一九九一年五月七日号から）

◉　◉　◉

私は「説得工学」という言葉を発明したつもりなんだけど、自分がいいものに気がついたと思ったら納得するまでやって、上司も納得させなければならない。トップがわからなかったらケンカしてでもいいところをわかってもらえるよう、とことんやっていかないと本物にはならないね。ただアイデアだけ出して独創性だ創造性だと言っても仕方がないんだよね。

（創立四五周年記念のインタビューで。『タイムズ』一九九一年五月七日号から）

社会への貢献は、儲かったからやるということじゃなしにね。税金と同じで、ある程度のものは負担しなきゃならないんだという覚悟を決めておかなきゃならない……儲からなくても国を維持していくための、われわれの義務であり、世界に対する責任なんです。

（『タイムズ』一九九一年一二月二六日号。特集「会社と社会」のインタビューで）

デジタルだ、アナログだということは道具だてに過ぎない。今日明日のことをどうするかということも大切だが、ニュー・パラダイムの意味をもっと大きく考えてほしい。お客さまに満足していただく商品をこしらえることは人間の心の問題であり、モノと心が表裏一体であるという自然の姿を考慮に入れることが近代科学のパラダイムを打ち破る一番のキーだと思う。こういったパラダイム・シフト、つまり人間の心を満足させることを考えていかないと、二一世紀には通用しなくなることを覚えておいていただきたい。

（一九九二年のマネジメント会同で。『タイムズ』一九九二年一月三〇日号から）

興味の対象を的《まと》の外に置くことだと思います。

（文化勲章受章の記者会見で。「後輩へ何かアドバイスは？」の質問に。『Family』一九九二年一一月号から）

◉　◉　◉

私は、もはやソニーの経営には直接関与していませんが、ソニーとエレクトロニクスに対する情熱は少しも衰えておりません。新しい技術や魅力ある商品に出会うと、今も私の技術者としての好奇心が騒ぎます。

（文化勲章受章後のコメント。『タイムズ』一九九二年一一月一一日号で）

III　東京通信工業株式会社　設立趣意書

解説①——一條和生

ソニーは一九四六（昭和二一）年五月、資本金一九万円、従業員数約二〇名の小さな会社「東京通信工業」としてスタートした。それに先立つ同年一月、井深は新会社を発足させるにあたり、設立の目的を明らかにした設立趣意書を、みずから筆を執って記した。それは戦後の廃墟の中から、自分が中心になって、思いを同じくする仲間とともについに会社を立ち上げるに至った、井深の決意表明でもあった。

井深は一九四五年九月に、東京での新会社創設のため、樋口晃や太刀川正三郎などの仲間とともに疎開先の長野県須坂から上京した。「東京通信研究所」の看板を白木屋三階の一角に立てたものの、具体的な事業計画があったわけではなく、収入らしい収入もなく、井深の預金を引き出して給料を支払うという状態だった。この段階では、東京通信研究所はまだ井深の個人事業にすぎなかったのである。

しかし、朝日新聞の「青鉛筆」でも紹介された短波ラジオ用コンバーターの本格的製造販売を契機に、一九四五年一二月には事業が次第に立ち上がり始めた。井深の預金を頼りにした個人事業では成長の限界が見え出した。そこで井深は会社設立を決意し、一九四六年一月に設立趣意書を書き上げたのである。しかし、井深は設立趣意書を書き上げるとそれを取締役の太刀川正三郎に預け、その存在を忘れてしまったという。おそらく戦後の混乱の中での会社設立で、井深は非常に忙しかったに違いない。資金調達、パートナー盛田昭夫の父親の説得、物資不足の中の資材調達などの忙しさで、設立趣意書の存在を井深が忘れてしまっても、それは不思議ではない。

一九四六年五月七日、坊主頭に国民服という戦時色の抜け切っていない三〇人の人たちが集まって東京通信工業の創立式が開かれた。式当日の井深の挨拶は、設立趣意書に書かれたことと寸分も違っていなかったという。いわく、「大きな会社と同じことをやったのでは、われわれはかなわない。しかし、技術の隙間はいくらでもある。われわれは大会社ではできないことをやり、技術の力でもって祖国復興に役立てよう」。金や機械はなくても、自分たちには頭脳と技術がある。これを使えば何でもできる。それには、人の真似や他社のやっていることに追従したのでは道は開けない。何とかして、人のやらないことをやろう。この時から、すでに東京通信工業、さらにはソニーの進むべき道は決まっていたともいえる。

後に、太刀川が井深に、「こんなことを書かれたんですよ」と東京通信工業株式会社設立趣意書を見せたところ、「なかなか良いことを書いたんだなあ……」と井深はみずから感心したという。

設立趣意書を執筆した時の井深は三七歳。決して若くはなかった。しかし彼の書いた東京通信工業設立趣意書は、希望とエネルギー、そして何よりも若さに満ちている。廃墟の中で、現状に絶望することなく、未来に希望を持ち、新しいことに挑戦しようという人間としての強い思いがそこには込められている。そしてそれこそ、未来を創造する知識創造、イノベーションの本質なのである。

---

(1) この解説にあたっては、以下を参照した。
https://www.sony.co.jp/SonyInfo/CorporateInfo/History/SonyHistory/1-01.html
Sony History「第一部・第一章　焼け跡からの出発」

編集部注——本稿の原典は『Family』故井深大ファウンダー・最高相談役追悼特別号（一九九八年四月、ソニー株式会社発行）四〇〜四三ページ。なお、その冒頭に編集部の注として「原文の難しい表現・語句はできるだけわかりやすい表現（あるいはふりがな）にしました。また、句読点等も適宜つけ加えました」と記されている。

◉東京通信工業株式会社　設立趣意書◉

戦時中、私が在任せる日本測定器株式会社において、私と共に新兵器の試作、製作に、文字どおり寝食を忘れて努力した技術者数名を中心に、まじめな、実践力に富んでいる約20名の人たちが、終戦により日本測定器が解散すると同時に集まって、東京通信研究所という名称で、通信機器の研究製作を開始した。

これは、技術者たちが技術することに深い喜びを感じ、その社会的使命を自覚して、思いきり働ける安定した職場をこしらえるのが第一の目的であった。

戦時中、すべての悪条件のもとに、これらの人たちが孜々《しし》として使命達成に努め、大いなる意義と興味を有する技術的主題に対して、驚くべき情熱と能力を発揮することを実地に経験し、また何がこれらの真剣なる気持ちを鈍らすものであるかということを、つまびらかに知ることができた。

それで、これらの人たちが真に人格的に結合し、堅き協同精神をもって、思う存分、技術・能力を発揮できるような状態に置くことができたら、たとえその人員はわずかで、その施設は乏しくとも、その運営はいかに楽しきものであり、その成果はいかに大であるかを考え、この理想を実現できる構想を種々心の中に描いてきた。

ところが、はからざる終戦はこの夢の実現を促進してくれた。

誰誘うともなく、志を同じくする者が自然に集まり、新しき日本の発足と軌を同じくして、われわれの発足が始まった。発足に対する心構えを、今さら滔々《とうとう》と説明する必要もなく、長い間みんなの間に自然に培われていた共通の意志に基づいて、全く自然に滑り出したのである。

最初は、日本測定器から譲渡してもらったわずかな試験器と、材料部品と、小遣い程度のわずかな資金をもって、できるだけ小さな形態で何とか切り抜けていく計画を立てた。

各人は、その規模がいかに小さくとも、その人的結合の緊密さと確固たる技術を持って行えば、いかなる荒波をも押し切れる自信を持って、大きな希望を持って出発した。

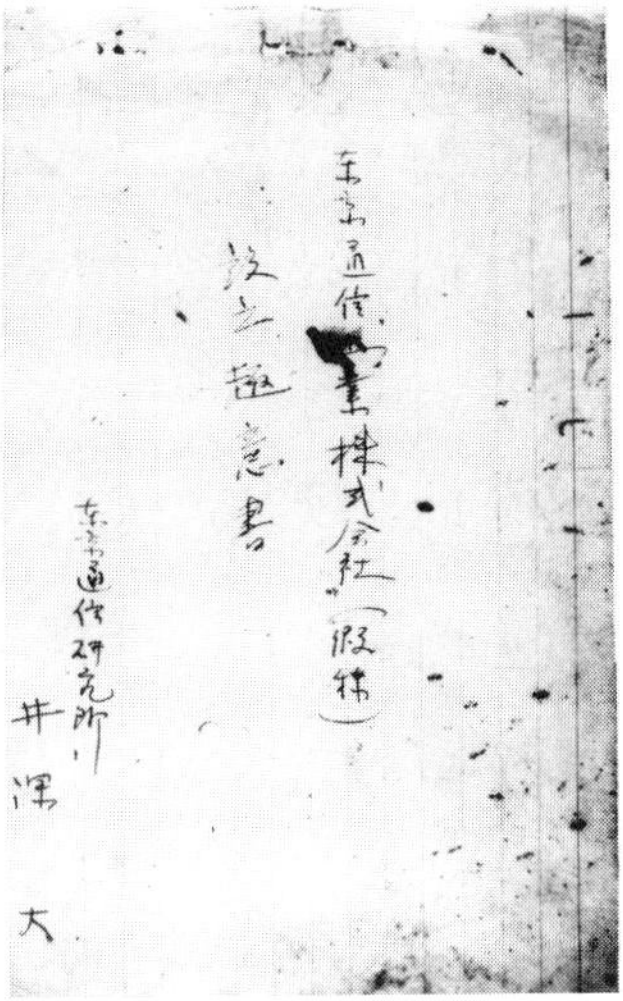
東京通信　株式会社（假称）
設立趣意書
東京通信研究所
井深　大

斯様《かよう》な小さな規模で出発した所以《ゆえん》は、この国家的な大転換期における社会状勢の見透しができず、また、われわれの仕事が社会に理解され、利用価値を見出されるまでには、相当の期間を要すると考えたからである。

しかるに、実際に動き出してみると、われわれの持つような技術精神や経営方針が、いかに現下の日本にとって緊急欠くべからざる存在であったかを、各方面からの需要の声を通じて、はっきり自覚せしめられたのであった。

それはまず、逓信院、運輸省等の通信に関係ある官庁の活発な動きに見出された。すなわち、全波受信機の一般への許可、民間放送局の自由開始、テレヴィジョン（テレビジョン）試験放送、あるいは戦災通信網の急速なる復興、その綿密膨大なる諸計画の発表等、他の低迷困惑せる諸官庁の中にあって、一人水際立った指導性を示し、一般業者側が逆に牽引されたかの観を呈したのであった。

斯《かか》る動きは、特に過去において逓信院と関係の深かったわれわれに対し、直接の影響を及ぼし、早くも真空管電圧計等の多量注文を見る結果となり。

その他、短時日の間に、この方面より提案された新製品の研究、試作依頼の種目は、相当量にのぼる状態である。また、間接的面から言えば、全波受信機の一般許可による影響は、終戦後の「ラヂオ（ラジオ）プログラム」に対する新しい興味と共に、ラヂオセットそのものに対する一般の関心を急激に喚起し、戦災による「セット」、電気蓄音機類の大量焼損も相まって、わが社のラヂオサービス部に対する需要を日を追って増加せしめたのである。

その他、諸大学、研究所の学究、同じ志を有する良心的企業家等と、特に深い相互扶助的連係を持つわれわれは、この方面よりの優秀部品類に対する多種多彩な要求に当面しつつあるのである。

以上のごとき各方面からの需要の増大は、われわれに新しい決意を促したのである。すなわち資本と設備を拡充することの必要と意義を痛感したのである。われわれの心からなる試みが、かくも社会の広範な層に反響を呼び起こし、発足より旬日《しゅんじつ》を経ずして新会社設立の気運に向かったことに対し、われわれは言い知れぬ感動を覚える。それは単にわが社の前途に赫々《かっかく》たる発展飛躍を約束するばかりでなく、われわれの真摯なる理想が、再建日本の企業の在り方と、図らずも一致したことに対する大いなる喜びからである。

■会社創立の目的

一、真面目なる技術者の技能を、最高度に発揮せしむべき自由闊達にして愉快なる理想工場の建設

一、日本再建、文化向上に対する、技術面・生産面よりの活発なる活動

一、戦時中、各方面に非常に進歩したる技術の国民生活内への即時応用

一、諸大学、研究所等の研究成果のうち、最も国民生活に応用価値を有する優秀なるものの迅速なる製品、商品化

一、無線通信機類の日常生活への浸透化、並びに家庭電化の促進

一、戦災通信網の復旧作業に対する積極的参加、並びに必要なる技術の提供

一、新時代にふさわしい優秀ラヂオセットの製作普及、並びにラヂオサービスの徹底化

一、国民科学知識の実際的啓蒙活動

■経営方針

一、不当なる儲け主義を廃し、あくまで内容の充実・実質的な活動に重点を置き、いたずらに規模の大を追わず

一、経営規模としては、むしろ小なるを望み、大経営企業の大経営なるがために進み得ざる分野に、技術の進路と経営活動を期する

一、極力製品の選択に努め、技術上の困難はむしろこれを歓迎、量の多少に関せず、最も社会的に利用度の高い高級技術製品を対象とす。また、単に電気、機械等の形式的分類は避け、その両者を統合せるがごとき、他社の追随を絶対に許さざる境地に独自なる製品化を行う

一、技術界・業界に多くの知己《ちき》関係と、絶大なる信用を有するわが社の特長を最高度に活用。以《もっ》て大資本に充分匹敵するに足る生産活動、販路の開拓、資材の獲得等を相互扶助的に行う

一、従来の下請け工場を独立自主的経営の方向へ指導・育成し、相互扶助の陣営の拡大強化を図る

一、従業員は厳選されたる、かなり少員数をもって構成し、形式的職階制を避け、一切の秩序を実力本位、人格主義の上に置き、個人の技能を最大限度に発揮せしむ

一、会社の余剰利益は、適切なる方法をもって、全従業員に配分、また生活安定の道も実質的面より充分考慮・援助し、会社の仕事、すなわち自己の仕事の観念を徹底せしむ

■経営部門

一、サービス部

全波受信機の普及、家庭電化、テレヴィジョン受信機の現出等を考えれば、今後この部門の活動は質・量共にその重要度を加えることは必至の事実である。従来、わが国においては「ラヂオサービス」と言い得るほどのもの皆無にして、ただ技術程度の低いラヂオ業者の片手間仕事に堕《だ》していた現状であるが、将来は高級受信機の出現と共に、かかる業者は当然影を消さざるを得ず、またその運命にあり、逆にその需要面の広さと起業意義の大きさのため一流セットメーカーとタイアップせるサービス専門の大会社の出現すら充分予想されるところである。

当社もその自覚に基づいて、技術と測定器を思うように駆使し、徹底したサービス活動を行う計画である。その一例として、サービス専用の小型自動車設置案がある。すなわち、電気蓄音機は言うまでもなく、高級受信機、テレヴィジョン受信機等は、重量・容積等が相当大なる事実を鑑《かんが》み、一切の測定・修理・サービス用具を完備せる、小型自動車を常備し、電話一本によって縦横自在に走り廻り、迅速に己が任務を遂行せんとするものである。かくすれば仕事の能率はもとより、サービスに従事する技術者の数もサービス用具も少なくて済み、一般の便宜に利する点大なるものがあると信ずる。

また、地方の需要に関しては、目下近接他府県より運搬の困難を犯して当所に持ち込まれる高級セットの数の少なくない点を考慮し、将来は地方の特定ラヂオ商と契約期日を定めて、一括修理を行う予定である。

政府による全波受信機の一般許可は、大小の無線会社を刺激し、目下全波受信機の製造が盛んに行われつつある現状であるが、資材その他の関係上、なおこれらの製品が市場に出回るまでには、相当な日月を要するものと考えられ、この時間的空隙《くうげき》における一般需要に応えて、当社においては目下、従来の手持受信機に付加装置を付することによって、簡単に全波受信機に改造できる方法を工夫創案し、鋭意製作中なるも、この付加装置は使用資材が少なく、技術的に高級・性能優秀なるために、すでに一般およびラヂオ商方面より予約申し込みを続々見つつあり。当社においては、だいたい明年6月までに500台（価格40万円）を製作する予定にて、以後は全波受信機の市場出回り状況いかんにより態度を決する予定である。

当社への修理依頼は、戦災による被害数量多きためと、高級セットを安心して託するに足る信用あるラヂオ商の少なきため、日を追って増加しつつあり、これに対して当社にては利益を第二義とし、たとえば故障、修理理由を素人にも理解し易きように解説したるメモを与えるがごとき、親切・丁寧なる方法をもってサービス精神の徹底化を期しつつあり、一端手がけたセットは、最後までその責任を持ち、いかなる煩雑なる要求に対しても、快く応ずる精神的態度は、わがサービス部の本質となるものである。

その他、数は少なきも、絶対他社の追随を許さざる最高水準を行く高級受信機の製造、当社独自の電気部品、家庭電化用品の製作も種々企画しつつあり。また、海外技術の紹介、一切の無線資料・図書を具備せる図書館の設置、講習会開催による一般電気知識の啓蒙活動等も将来のサービス部の重要な課題となるであろう。

（株主とサービスの問題）

なお、将来株主に対するサービス（電気一般）は、特に重点的にこれを行う予定である。すなわち、株主対会社の一般的関係に、自由にサービス要求できる会員制度的性格を持たせることは、意義あり興味ある試みと思考さる。

新しい機械、テレヴィジョン家庭模写電信（無線により新聞を伝送印刷する装置）等の新製品や家庭電化用品を優先的に提供し、従来の一般的な関係より、より特色ある緊密な形に結びつけるであろう。

家庭電化が日を追って盛んになる傾向にある今日、特にそれは有効適切な方法と思考さる。

二、測定器部門

現在、ラヂオ製造者の数の多きに比して、これの製作・修理に必要なる測定器の製作者は極めて寥々《りょうりょう》たるものであり、また一般ラヂオ業者にして、調整・修理にあたり測定器を持ちうるものは皆無に近い状態である。しかし、従来の一般に普及せる程度のラヂオ受信機ならば、現在のラヂオ業者が行っているがごとき、いわゆる「カン」に依存した方法も可能なるも、今後、高級受信機、全波受信機を一般が使用するようになれば、かかる非科学的方法はその存在を許されなくなることは、明白な事実である。過去において測定器製造が活発に行われなかった理由は、技術の困難と多数の標準器を必要としたためであるが、いずれにせよ測定器製造業者の数が少ないという事実は、この方面への技術的・経営的分野がいまだ多分に残されているということを物語るものである。すなわち、使用資材が少なく価格が高価で、競争相手が少ないという点で、極めて経営的に有利であり、高度な技術を有する企業家にとっては、まさに絶好な進路と言うべきである。

われわれが過去に属した日本測定器株式会社は、この数少ない測定器製造業のうちの屈指のものであって、わずかな資本と貧弱な設備をもって、極めて短日月の間に、驚くべき発展を遂行し得たのも、時局とは言え、ひとえに測定器部門の持つ経営的特性によったものと断言でき得るのである。

日本測定器株式会社の主要製品の一つたる超短波用の真空管電圧計は、われわれの10年近い年月と血の滲むような努力の結晶であって、その一般における絶大な定評は言わずもがな、まさにわが国の世界に誇り得る測定器の一つであることは、今回米国進駐軍がこれに対し異常な関心を持ち、参考のため本国に持ち帰った事実によっても雄弁に物語られるところであろう。この真空管電圧計はこの新会社においてもそのまま踏襲して製作される予定で、すでに逓信院より本年度として150台（約30万円）の発注を見、3月末までに完成の予定にて、目下鋭意進行中である。なお、逓信院としては21年度の一括発注も用意されてあり、一般よりの需要も相当量に上ることは必至にして、また将来テレヴィジョン開始となれば、欠くべからざるものになるであろうこと等を考えれば、単に真空管電圧計1種のみを製造品目としても充分会社の経営は成立し得るものと思考さる。

その他、特殊な高級測定器を順次製作する計画であるが、特に重点を置くのは、あまり技術的訓練を受けていないラヂオ商にも、高級ラヂオ診断が自動的に行えるような総合サービス用測定器、言い換えればセット分析器といったごとき種類の測定具の製造である。かかる測定器の普及によって、一般ラヂオ商のサービスを真のサービスたらしむることが、社会的に充分意義を有するものと信ずる。

そして、これは大セットメーカーと連絡し、その適合した診断を行えるがごとき装置にする予定である。

前記サービス部門は、大衆相手の直接サービスを意味するとすれば、該当部門は専門家相手のサービス部門と言い得るであろう。サービス精神の徹底化を図ることは前者の場合ともちろん同様である。

三、通信機部門

前述2部門は、大体会社の維持・経営を分担する部門であるが、該当部門は当分の間新しき特殊通信機の試作研究を分担し、今日よりも会社の明日に備え、将来の大飛躍をここに期待し得るのである。逓信院、運輸省、内務省等は、再建日本の重要課題たる通信網の能率上昇を積極的に企図《きと》しつつあり、当社もその要望に応え、全く新しき種々の試作を実践中にして、そのうちの主なものを次に簡単に説明すれば――

イ、時分割多重通信方式

これは、現在の有線あるいは無線をして、簡単な装置で三重、四重等の多重通話を可能ならしめるものであって、東北帝大の通信研究所において昭和18年より研究を開始、戦時中、特に発達した電波警戒機の技術を多分に取り入れたる、極めて特色ある方式によるものであり、逓信院、運輸省でもその成果を非常に注目しつつあり、鉄道省発注予定の試作セットが完成し、成功すれば、現在計画中の青函12重超短波無線電話装置（見積価格、約560万円）の注文は当社にくる予定なり。

ロ、簡易重畳《ちようじよう》電話装置

これは、現在の電話線になお1通話増して、二重通話を可能ならしめる（現在の線路を使用して倍の通話を可能とす）非常に簡単な装置で、すでに日本測定器株式会社において、全く他の目的を持って多年研究されたる、ある種の兵器を若干改良すれば、この目的を充分果たし得られるのである。目下盛んに試作中なるも、これもまた当社技術陣の独壇場、お家芸の一つであって、完成の上、採用となれば、その需要度は恐るべきものであろう。

ハ、録字通信機

これも戦時中、航空通信に用い、操縦士に電信符号習得の煩わしさから脱しせしむる目的を持って企画されたもので、完成を見ずして終戦となったものである。送信側において電鍵《でんけん》の代わりに50音のタイプライターを叩けば、受信側では通信文の50音が順次テープ上に印字されつつ出てきて、通信が終われば、テープは停止する。装置は簡単であり、送信装置は大体携帯用タイプライターと同型、受信装置は手提金庫程度のもので、有線無線双方に使用でき、将来電信局でこれを叩けば、加入者側ではテープの電報を受けることになり、また家庭で電話をかけて留守の場合等は、こちらからの伝言を叩いておけば、何らの技術も要せず先方へ伝言を書いたテープを残すことができるのである。また、鉄道等の指令装置に用いても、命令の内容が明瞭に印刷されるため、極めて便利であり、応用利用範囲は極めて多く、電信機の当然到達すべき理想の一つの型であるが、これの完成は非常に意義深いものがあろう。本機の製作は相当精密な機械装置を必要とし、現在の状態では即時製品化することは困難であるが、とりあえず試作だけは完璧なものにするため、設計進行しつつある。

ニ、プログラム選択受信方式

これも日本測定器株式会社において研究、完成したる兵器の応用品である。放送局において、そのプログラムごとに異なった周波数の音（例えば、ニュースならば「ド」、音楽ならば「レ」のごとく）を放送前にちょっと出す（ピアノを叩く程度にてよし）と、受信側ではその音の高さによって動作する周波数継電器が動作して、受信機が働く。それゆえに聴取者は自分が聞きたいと思うプログラムだけのボタンを押しておけば、自動的にラヂオのスイッチが入って、そのプログラムのみ聞くことができる。それが終わればやはり特定音を出し、また自動的にスイッチを切ることになる。その他、この装置を用い、自動的に時報に時計を合わすことも可能である。

ホ、その他特種部品

音叉発信器、濾波《ろは》継電器、音叉時計等のごときは当社独特のもので、戦争目的をもって研究・製作してきたもののうち、今後の通信技術方面に転換利用可能なるもの数多くあるをもって、各方面の要求に応じ、逐次製作していく予定なり。

謝辞

井深大について書いてほしい。PHP研究所の丸山孝さんからこのような依頼を受けた時、どのような本になるのか、具体的なイメージはなかった。もちろんソニーのファウンダーとして井深の名前はよく知っていたが、自分にとっては『MADE IN JAPAN』などを通じて、同じくファウンダーである盛田昭夫のほうが強く印象に残っていたからである。ソニーを技術面で支えた偉大なるエンジニアというのが、私が井深大に持っているイメージだった。

丸山さんはPHP研究所七〇周年記念出版として企画された今回のプロジェクトで、本田宗一郎と井深大二名の伝記を密接に連関させて考えていた。そこで、二〇一五年一〇月から本田宗一郎担当の野中郁次郎先生、井深大担当の私、そして丸山さんの三人で、勉強会を開始した。何回か討議を重ねる中で、優秀なる技術者という一般的なイメージではなくて、むしろ人間を中心に置き、人間の幸福をピュアに求め続けた井深大という姿が浮かび上がってきた。本書の構想がそれで決まった。本書第三部にまとめられた野中先生との対談は、一年半前に開始された勉強会でのディスカッションの総括だった。

井深は『MADE IN JAPAN』のような、経営や自分の人生に関する本をあまり執筆していなかったので、彼の人生を振り返るのは容易なことではなかった。それでも、新渡戸稲造とのつながり、前田多門や野村胡堂との交流など、次々と新しい発見が続き、歴史を辿るダイナミズムを執筆しながら実感した。

本書執筆の経緯からもわかるように、本書の執筆にあたっては、野中郁次郎先生にまた大変お世話になった。先生との勉強会や対談を通じて本田宗一郎と井深大という二人の偉大なる経営者の人生を辿る中で、知識創造理論の進化に少しでも貢献できたのなら、これほどの喜びはない。また本書に掲載された対談は実に楽しく、野中先生とのシンセシスを実感した。それを見事にまとめていただいた荻野進介さんにはとても感謝している。また野中研究室の大橋陽子さん、川田弓子さんには勉強会の日程調整などで大変お世話になった。そして何よりもＰＨＰ研究所の丸山孝さんの名プロデュースなしには本書は生まれえなかった。ここに改めて深く感謝の言葉を丸山さんにおくりたいと思う。

二〇一七年六月　東京にて

一條和生

「企業家・井深大」略年譜

西暦	和暦	齢	関係事項	社会状況
一九〇八	明治四一	0	4月11日、栃木県日光町（現日光市）字清瀧で父・甫、母・さわの長男として生まれる	6・22赤旗事件
一九二一	大正一〇	13	3月、神戸市立諏訪山小学校卒業	11・4原敬暗殺される
一九二七	昭和　二	19	3月、兵庫県立神戸第一中学校卒業	3・15金融恐慌発生
一九三〇	五	22	3月、早稲田第一高等学院理科卒業	この年、昭和恐慌
一九三三	八	25	3月、早稲田大学理工学部電気工学科卒業 4月、PCL（写真化学研究所）入社	3・27国際連盟の脱退を通告
一九三七	一二	29	5月、日本光音株式会社入社、無線部長に就任	7・7蘆溝橋事件
一九四〇	一五	32	11月、日本測定器株式会社入社、常務取締役に就任	10・12大政翼賛会発足
一九四五	二〇	37	3月、戦時研究委員会で海軍技術中尉・盛田昭夫と出会う 10月、東京通信研究所設立	8・15昭和天皇の玉音放送
一九四六	二一	38	5月、東京通信研究所を改組して、東京都中央区日本橋に資本金19万円をもって東京通信工業株式会社（現ソニー株式会社）を設立、代表取締役専務に就任	11・3日本国憲法公布
一九四七	二二	39	2月、本社及び工場を東京都品川区に移転	5・3日本国憲法施行
一九五〇	二五	42	7月、日本初のテープレコーダー「G型」発売	6・25朝鮮戦争勃発

一九五五	三〇	47	11月、代表取締役社長に就任 8月、東京店頭市場に株式公開 8月、日本初のトランジスタラジオ「TR-55」発売	11・15自由民主党結党
一九五八	三三	50	1月、社名をソニー株式会社と変更 12月、東京証券取引所上場	4・5長嶋茂雄4三振デビュー
一九五九	三四	51	1月、「ソニー理科教育振興資金制度」発足 3月、従業員の家族で小学校に入学する子供にランドセルの贈呈を開始 10月、科学技術庁長官賞	この年、岩戸景気(〜61)
一九六〇	三五	52	2月、米国にソニー・コーポレーション・オブ・アメリカを設立 5月、世界初の直視型ポータブルトランジスタテレビ「TV8-301」発売 12月、藍綬褒章を受章	9・5池田首相、所得倍増政策を発表
一九六一	三六	53	6月、日本企業として初めて米国でADR(米国預託証券)を発行	1・20米大統領にケネディ就任
一九六二	三七	54	6月、財団法人「すぎな会」設立	10・22キューバ危機
一九六三	三八	55	7月、世界初のトランジスタ小型VTR「PV-100」発売	11・22ケネディ大統領暗殺事件
一九六五	四〇	57	8月、世界初の家庭用VTR「ビデオコーダー(CV-2000)」発売 10月、心身障害児(者)コロニー懇談会(現心身障害	4・1初の国産旅客機YS-11が就航

一九六六	四一	58	者福祉協会運営協議会）委員に就任。社会福祉法人「太陽の家」（大分県別府市）設立 4月、銀座、数寄屋橋角にソニービルを完成、オープン	12・27衆議院が黒い霧解散
一九六七	四二	59	4月、経済同友会幹事就任（終身幹事）	8・3公害対策基本法公布
一九六八	四三	60	10月、「トリニトロン・カラーテレビ（KV-1310）」発売	12・10三億円事件
一九六九	四四	61	10月、財団法人幼児開発協会創設、理事長に就任	1・18〜19東大安田講堂事件
一九七〇	四五	62	9月、ニューヨーク証券取引所に上場	3・14大阪で万国博覧会開催
一九七一	四六	63	6月、代表取締役会長に就任	8・15ニクソンショック
一九七三	四八	65	2月、社会福祉法人「希望の家」（栃木県鹿沼市）設立、理事長に就任	10〜第一次オイルショック
一九七五	五〇	67	5月、家庭用ベータ方式VTR「ベータマックス（SL-6300）」を発売	11・15第一回先進国首脳会議開催
一九七六	五一	68	1月、取締役名誉会長に就任 4月、米国ナショナル・アカデミー・オブ・エンジニアリング外国会員	12・24福田赳夫内閣発足
一九七八	五三	70	4月、勲一等瑞宝章を受章	5・20成田空港が開港
一九七九	五四	71	6月、日本オーディオ協会会長に就任（平成4年6月退任） 7月、ヘッドホンステレオ「ウォークマン（TPS-L2）」発売	1〜第二次オイルショック

一九八〇	五五	72	3月、財団法人国際科学技術博覧会副会長に就任（昭和61年7月終了）	この年、日本の車生産台数が世界一に
一九八五	六〇	77	5月、財団法人ボーイスカウト日本連盟理事長に就任	9・22 G5がプラザ合意
一九八六	六一	78	4月、勲一等旭日大綬章を受章 5月、スウェーデン王国勲一等北極星章を受章	4・1男女雇用機会均等法施行
一九九〇	平成 二	82	6月、ファウンダー・名誉会長に就任	この年、湾岸危機が始まる
一九九二	四	84	11月、文化勲章を受章	6・15国際平和協力法成立
一九九四	六	86	5月、米国ブラウン大学「科学博士」 11月、ファウンダー・最高相談役に就任	6・21一ドル＝九九円八五銭、戦後初の一〇〇円割れ
一九九七	九	89	12月19日、永眠。同日、正三位に叙され勲一等旭日桐花大綬章を追贈される	11・24山一證券が自主廃業

※本年譜は、『Family』故 井深大ファウンダー・最高相談役追悼特別号（一九九八年四月、ソニー株式会社発行）に掲載されている年譜を基本として作成した。

※年齢については、その年の誕生日を迎えた時の満年齢を記した。

〈著者略歴〉

一條和生（いちじょう・かずお）

1958年東京都生まれ。82年一橋大学社会学部卒業。87年一橋大学大学院社会学研究科博士課程修了、95年ミシガン大学経営大学院にてPh.D.（経営学）取得。現在、一橋大学大学院国際企業戦略研究科研究科長、同教授。専攻は組織論（知識創造理論）、リーダーシップ、企業変革論。日本で最もグローバルな経営大学院の研究科長としてリーダーシップを発揮すると同時に、一流企業のリーダー育成プロジェクトやコンサルティングに深くかかわる。シマノなどで社外取締役を務め、企業界に対する実践的な影響も強い。また、世界トップクラスのビジネススクールと評価されているIMD（国際経営開発研究所、スイス・ローザンヌ）の教授に日本人として初めて就任し、現在も特任教授としてエグゼクティブ教育に従事している。

主な著書に『バリュー経営』『MBB：「思い」のマネジメント（共著）』『リーダーシップの哲学』（以上、東洋経済新報社）などがある。

PHP経営叢書
日本の企業家8
井深　大
人間の幸福を求めた創造と挑戦

2017年8月1日　第1版第1刷発行

著　者　一條和生
発行者　清水卓智
発行所　株式会社PHP研究所
京都本部　〒601-8411　京都市南区西九条北ノ内町11
70周年記念出版プロジェクト推進室　☎075-681-4428（編集）
東京本部　〒135-8137　江東区豊洲5-6-52
普及一部　☎03-3520-9630（販売）
PHP INTERFACE　http://www.php.co.jp/
組　版　朝日メディアインターナショナル株式会社
印刷所
製本所　図書印刷株式会社

ISBN978-4-569-83428-3

PHP経営叢書「日本の企業家」シリーズの刊行に際して

わが国では明治期に渋沢栄一のような優れた企業家が幾人も登場し、中世、近世に営々と築かれた日本の商売道は近代へと導かれることになりました。以後の道程において、昭和期に戦争という苦難に遭いますが、すぐさま復興に立ち上がる中で、多くの企業家が躍動し、人々を束ね、牽引し、豊かな生活の実現に大いに貢献しました。一九四六（昭和二一）年一一月に弊社を創設した松下幸之助もその一人でした。事業経営に精励する一方で、「人間は万物の王者である」という言の葉に象徴されるみずからの人間観を、弊社の様々な活動を通じて世に訴えかけ、繁栄・平和・幸福の実現を強く願いました。

こうした時代を創った多くの企業家たちの功績に、素直に尊敬の念を抱き、その歩みの中の真実と向き合うところから得られる叡智は、お互いの衆知を高め、個々の人生・経営により豊かな実りをもたらしてくれるにちがいない。そうした信念のもと、弊社では創設七〇周年記念事業としてPHP経営叢書を創刊し、まずは日本の近代、現代に活躍した理念重視型の日本人企業家を一人一巻でとり上げる図書シリーズを刊行することにいたしました。空翔ける天馬の姿に、松下幸之助はみずからの飛躍を重ね合わせましたが、その天馬二頭が相対立しつつも調和する姿をデザインしたロゴマークは、個を尊重しつつも真の調和が目指される姿をイメージしています。「歴史に学び　戦略を知り　人間を洞察する」——確かな史実と学術的研究の成果をもとに論述されたこのシリーズ各巻が、読者諸氏に末永く愛読されるようであればこれに勝る喜びはありません。

二〇一六年一一月

株式会社PHP研究所